列島語り

出雲・遠野・風土記

赤坂憲雄
三浦佑之

青土社

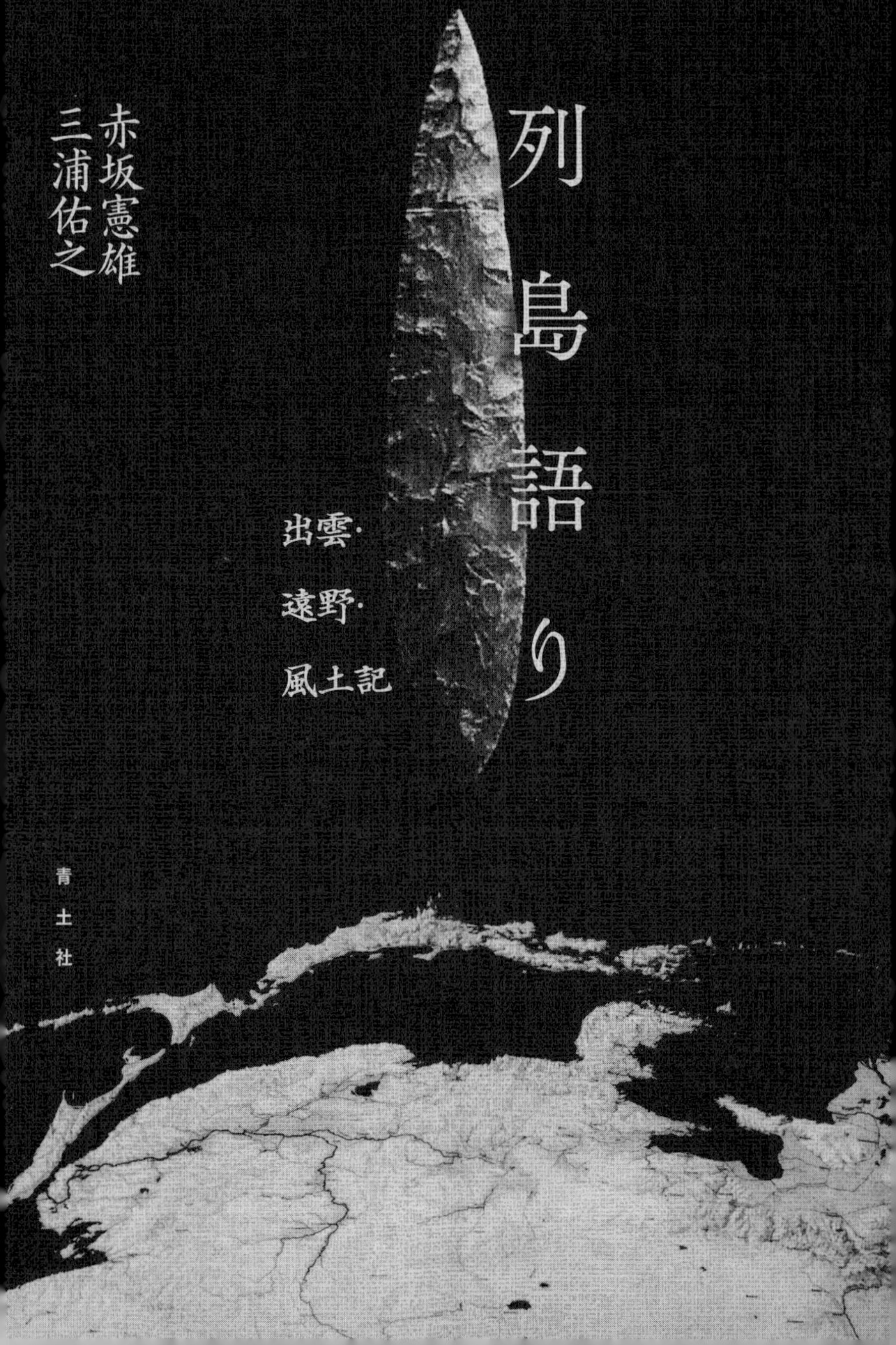

列島語り　目次

列島語り　出雲・遠野・風土記

はじめに

　これはとりあえず対談集です。

　けれども、ほとんど語りの現場の跡を留めていません。この二〇年ほどのあいだ、思い出したようにくりかえし交わすことになった対談のテープ起こしを集めて、いったんゲラにしてから、いま・ここで幾度となく手を入れたものです。もはや原形を留めないまでに改稿と増補を重ねた結果が、ここには対談集のような顔をして置かれています。

　ですから、むしろ対談という形式をもって共同制作された、三浦佑之＝赤坂憲雄という署名入りの本なのかもしれません。結果として、論争的であるよりは、相互補完的な内容になっています。おたがいに得意とする分野があり、その知識や情報を寄せ合いながら、思索を深化させてゆくことをめざしたのです。書斎に籠もり、机に資料を並べて論文や本を執筆するのとは、まるで異なった思考の広がりと深まりがありました。それはたんに知識を披瀝しあう場ではなく、おたがいの知識を触媒として、未知なる次元へと超え出てゆくための協同の場となりました。すくなくとも、そのような場面にくりかえし遭遇して、そのたびに心を躍らせたのでした。

それこそが対談の醍醐味ではないのか、なにか特別なことなのかと言われると、まさにその通りであり、返す言葉もありません。しかし、世の中で対談と称されているものは、じつに多様なタイプがあって、ひと筋縄ではくくれません。たんなる知識の切り売りの現場であるような対談が多いのだと、経験的には言えそうです。

そもそも、ひとつの対談を素材としながら、きっと編集者の数だけのいくつもの対談ができあがることでしょう。それは生きられた語りのもつ宿命のようなものです。いわば、この本のなかで重要なテーマとして反復されている「語りとテクスト」という問題が、この本の成立においても立ち顕われているということです。

そう言えば、ひとりの女性編集者から、こんな伝説めいた話を聞いたことがありました。対談者の一方が、始まって一五分ほどで、ほかの用事ができたと言い残して退席してしまったとか。その優れものの編集者は、澄ました顔して、いや、怒りにまみれながら、それでもフリーライターの意地に賭けて、残った方にインタビューをして、あとで勝手に対談をでっち上げたらしい。読者はだれも気づかなかった、という。この編集者はむろん、退席した高名な学者の本を徹底して読み込んだうえで、本人ですら納得せざるをえないような幻の対談を仕立ててみせたのです。ほんの脱線です。忘れてください。

つまり、語る／読むのあいだには、もうひとつ、編むという見えない作業が隠されているのです。編むこともまた、語り手／テープを起こす人／編集者のあいだの微妙なせめぎ合いのなかで展開する、生モノめいた仕事となります。語る／編む／読む、という継起的な三位一体のプロセスなしには、語りは物質化されないとも言えるかもしれません。ここでまたしても脱線して、芸能としての語り物に思いを馳せてみたくもなりますが、いまはやめておきます。それは折口信夫を招《お》ぎ寄せての、次のテーマとなることでしょう。

思えば、文字に拠るテクストであっても、この電子化の時代には自明性の大方を剥奪されています。そこでは絶対的に正しいテクストが不在なのです。もはや正統／異端、いや正伝／異伝といった枠組みは壊れてしまいました。語りもまた、録音技術の進歩によってそのままに捕捉することが可能になったかに見えて、じつは逆に、いよいよ自明性を喪失しつつあるのかもしれません。語られたままに文字に起こしても、生きられた語りを再現できるわけではない、という厳粛な現実から眼を背けることはできません。「語りとテクスト」という問題はいま、さらに複雑に絡まりあい、屈折の度を加えているように感じられます。

＊

ともあれ、これは語りの書です。語りを方法としつつ、その語りそのものを俎上に乗せているという意味合いにおいて、まさしく語りの書なのです。

それにしても、『列島語り』という奇妙なタイトルに落ち着くまでには、それなりに試行錯誤がありました。つまり、折りに触れて交わした対談らしきものは、かならずしも明瞭なテーマ性に貫かれていたわけではありません。いつだって、語るべきテーマそれ自体を手探りに求めていたのです。

とはいえ、ともに関心を寄せてきた、古事記や風土記、そして『遠野物語』といったテクストが、われわれの語りの起点となりました。それらの文字テクストをいかに読むかということが、振り返ってみれば、この語りの場をかろうじて成立させるための必要にして十分な条件であったかもしれません。なんという逆説に満ちた光景であったことか。語り／テクストは入れ子細工のように絡みあい、けっして二元論的に腑分けすることができないものなのでしょう。自戒を込めて書きつけておきます。

さて、『列島語り』とは、やはり風変わりなタイトルですね。

列島とは、むろん、とりあえずは日本列島であり、「日本」の置き換えでもあることは否定できません。けれども、われわれはどこか無意識に近いところで、「日本」を自明なものとして、それを起点として語ることにたいして留保したい気分を共有していたかと思います。「日本」について、とりわけ「ひとつの日本」について語りたいわけではない。「ひとつの日本」の自明性を宙吊りにして、「日本」そのものを根底から懐疑し、できるならば解体もしくは脱構築することこそを、たぶん願っていたはずです。しかし、そのあたりは長い付き合いのなかでの阿吽の呼吸であり、思えば、きちんと語り合ったことはありません。わたしの勝手な思い込みかもしれません。

いびつな楕円の、不確かなふたつの焦点のように、われわれの語りは出雲と遠野という土地に引き寄せられ、縛られていたようです。奈良や京都であれ、東京であれ、それをひとつの中心として、小さな、大きな円環を描くことによって結ばれ、囲い込まれる「ひとつの日本」ではない、なにかもっと茫漠としたものへと到り着きたい。そのために出雲と遠野が必要とされたのではなかったか、といまにして思うのです。もはや、そこで問われているのは「日本」ではありません。「いくつもの日本」を抱いた列島へと向かわざるをえない必然が、幾重にもありました。

だからこそ、はじまりの「日本」を抱いた日本書紀ではなく、古事記だったのです。くわえて、日本書紀は純然たる文字テクストとして作られましたが、古事記はいわば、ヘソの緒のように語りの痕を残したテクストでした。そうして古事記であることに避けがたい必然を認めながら、関心はいつの間にか、そのかたわらに転がっていた風土記のほうに重心を移していったようです。それもまた、後になってから気づいたことです。

たしかに、風土記はとても不思議な、揺らぎに満ちたテクストです。編む主体はあきらかに「日本」という国家でありながら、風土記にはそうした「日本」とは折り合いがつかぬ、なにか異物のようなものが、拭いがたくこびり付いています。語りの痕跡のようにも感じられます。「ひとつの日本」に回収されることのない、「いくつもの日本」のかけらが、たとえば出雲国風土記などにはとりわけ濃密に見いだされるのです。

そういえば、われわれが大事なテクストとしてくりかえし俎上に乗せた『遠野物語』もまた、語り/テクストのはざまに引き裂かれた作品でありました。いや、作品とか作者といった近代的な解釈の鋳型に当てはめることには、逡巡が残ります。語り部の佐々木喜善がいて、その語りを擬古文体の奇妙な文体によって編みなおした柳田国男がいます。その柳田はたいてい作者と名指されていますが、それほど単純ではなさそうです。それはひとまず措きましょう。

対談のなかでいつしか気づかされたことがあります。奇妙な物言いとなりますが、『遠野物語』が古事記とアナロジーの糸で結ばれている、ということです。擬装されたものであるか否かは知らず、古事記の序文は、このテクストが語り部としての稗田阿礼／筆録者としての太安万侶という組み合わせで編まれた、と語るのです。むろん、それは佐々木喜善／柳田国男という組み合わせと酷似しています。アナロジカルな関係が認められるのです。言葉を換えれば、『遠野物語』の誕生の現場に眼を凝らすことによって、古事記というテクストの成立事情が見えやすくなるかもしれない、ということです。詳しくは本書の第4章をお読みいただければ幸いです。

前置きはこのくらいにしておきましょう。

列島語りはきっと、幕を開けたばかりです。すでに、新たなテーマもいくつか見え隠れしています。沖縄、アイヌ、共同幻想……。

だから、列島語りの第一章へ、ようこそ。

二〇一七年二月二六日の明け方

赤坂　憲雄

第1章　出雲は何を問いかけるか

出雲をめぐる連想

三浦　すこし前のことになりますが、二〇一三年五月一〇日、出雲大社で六〇年ぶりの遷宮がおこなわれ、そこにわたしも伺いました。残念ながら当日は内部には入れませんでしたが、厳粛な雰囲気が外にまであふれているように思いました。ご存じのように二〇一三年は伊勢神宮も二〇年ぶりの式年遷宮の年にあたり、一〇月二日に内宮、五日に外宮の遷宮がありました。計算上は、二つの神事が重なるのは六〇年に一度ということになりますが、出雲大社の遷宮はきちんと六〇年ごとにはおこなわれていないので、史上初めて二つの神社の遷宮が重なるというめずらしい年になったわけです。

そんなこともあって世間の一般的な認識としては、伊勢神宮と出雲大社はどちらも古代からある神社であり、同じように日本を護る神を祀っているという印象が強いのではないでしょうか。しかし、神話を読み、歴史を考えてみるならば、両者は水と油、まったく違う神を祀っていることは明白なのですが、いまやその違いが曖昧になっているという印象を強く受けます。たとえば出雲大社に行くと、そのなかに「天皇陛下〇〇」、あるいは伊勢神宮の式年遷宮への寄付を呼び掛けるポスターが貼ってあり、まるで両社が昔から非常に仲良く共存してきたように見える。古事記神話を研究する者にとっては、そこにいささか違和感を覚えることがあります。

今回の出雲大社では五月一〇日夜の遷宮の翌日に「勅使奉幣祭」という天皇の勅使が供え物を持って参拝する儀式がおこなわれました。そうした儀式を見ていると――それ自体は出雲大社という神社の創建が古事記の国譲り神話に起源を求めるのが一般的だということでは理解できますが――やはり少し違うのではないかと思わざるをえません。わたしはこれまでの研究においてさまざまな神話を読み進めるなかで、伊勢、あるいは天皇家やヤマト王権とは別の世界として出雲を捉え直すべきだという想いを強くしてきました。そのことは、いわゆる「日本」を考える上でも、だいじなことです。

そこで今日は、かねてから「いくつもの日本」を主張し続けている赤坂憲雄さんと「出雲とは何か」、あるいは「出雲的な世界とは何か」ということについてお話ししたいと思っています。まず、赤坂さんにとっての出雲のイメージをお聞かせください。最初の頃のお仕事では出雲国風土記を扱われ、そこでは国家と地方、あるいは境界や方位の問題を考察されていましたね。赤坂さんにとって、出雲とはどのような世界なのでしょうか。

赤坂　わたしにとっての出雲とは、古事記ではなく風土記だったと思います。出雲、常陸、播磨という風土記を通して、記紀神話の世界とは違うイメージを追いもとめてきたのかもしれません。また、その後、境界論にのめり込んでいたときにも、出雲国風土記は有効なテクストでしたね。たとえば、西郷信綱氏には「市と歌垣」（『古代の声』朝日新聞社）という大変に画期的な論文がありますが、市が立つ場所とは海と陸が出会うような特異な場所です。それを「潟の世界」、あるいは「ラグーンの世界」と呼ぶことができるのではないかと、いまになって考えています。今日はそのことをお話ししたいと思います。

最近になって、あらためて出雲のことが気になりだしたのですが、そのきっかけは岡本太郎なのです。太郎の『日本再発見——芸術風土記』（角川ソフィア文庫）には「出雲」と題された紀行があるのですが、それがとてもよい文章なのです。太郎にとっての出雲は、子どものころに何度か訪ねて夏を過ごした場所でした。関東大震災の後には二カ月くらい疎開もしています。ですから、太郎にとっての田舎の原風景は出雲にあったのでしょう。懐かしさのこもった、思い入れが深い紀行であり、太郎はあられもなく出雲の世界に浸っています。

たとえば出雲大社については、「日本の過去の建築物でこれほど私を惹きつけたものはなかった。この野蛮な凄味、迫力。おそらく日本建築美の最高の表現であろう」と、手放しに称賛しています。それに「仏教建築の影響を受けた周りの装飾を全部剥ぎ取ってみたい」ともいい、ある独特なまなざしを差し向けています。水垣や楼門といった神仏習合的なものを引き剥がしたほうが、出雲大社の古層が見えるだろうと言っているのです。そうした古層とはかぎらず、「こんなに変わらなくていいのか」と思うほどに変わっていない部分に、太郎は出雲の魅力を見いだしていたようです。

また太郎は、出雲大社を眺めながら伊勢神宮を連想しています。ともに日本の故郷であり、原始

神魂神社（島根県松江市）の棟持柱

のかたちを伝えているのだけれど、その喚起するものや印象はまるで違う、というのです。太郎はそこで、伊勢の神明造りは高床の建築から発生したのではないか、それはおそらく南方に多い建築様式だろうと推測しています。それに対して、出雲の大社造りはどちらかというと北方系だという印象を語っています。こうした発想は神話の読み取りからは外れたものかもしれません。しかし、ともかく太郎はそう語っていました。

実はこの章を再読していて、もうひとつ興味を惹かれたことがあります。太郎は神魂《かもす》神社に出雲の原風景を見いだしていくのですが、この本殿の棟持柱が一本だけ建物の外に出ていることに眼を留めているのです。出雲大社もかつてはこうした建築様式を持っていたのかもしれません。

この棟持柱から連想するのは、常陸国風土記の夜刀神《やつのかみ》伝承に登場する「標の梲」のことです。この対談集の別のところでも触れることになるテーマなのですが、多くの注釈書が「しるしのつゑ」と訓んでいるのに対して、新編日本古典文学全集だけが「シメノウダチ」と訓ませているのです。ウダチとは柱の一種ですね。こうした柱の問題をどう考えるのか。また伊勢と出雲のあいだでこの柱に違いはあるのか。これはあらためて、三浦さんに伺いたいと思っています。というのも、三浦さんはかねてから、出雲から日本海文化圏を通って諏訪へと下りてくる道筋があったという仮説を提示されています。そのときにも柱の問題は非常に重要であろうと思うからです。たとえば、出雲と諏訪をつなぐ途中の能登半島などには、縄文のウッド・サークルがいくつも発見されていますね。

三浦　真脇遺跡などですね。

赤坂　ええ、日本海側には若狭や能登半島から三内丸山遺跡まで、縄文の柱の文化が点々と存在しています。日本海文化圏のなかに柱の存在が色濃く現われていることはたしかです。それに加えて、棟持柱には別の角度からの興味があります。古墳時代の埴輪に「建物型埴輪」という種類がありますが、それをよく見ると、まさに棟持柱がくっついているのです。壁から離れて棟持柱が立てられている。柱を意味したウダツ（ウダチ）は「うだつが上がらない」の語源にもなった言葉です。中世になって隣りの家との防火壁へと意味が変化しますが、古代においてはウダツ（ウダチ）と棟持柱とが重なるはずだとひそかに考えています。

様々に述べてきましたが、ともあれ出雲に対しては、太郎の文章を起点に、日本海文化圏の持つ歴史的な重層性との関わりのなかで考えたいと思っているわけです。

三浦　柱のお話を伺いながらいくつか想起したことがあります。

まず、二〇〇〇年に出雲大社の拝殿の地下から巨大な柱が出土して、関係者が驚愕した事件がありましたね。国造家にはこの三本柱の元になった絵図が遺されています。いつの時代のものかははっきりとしませんが、おそらく中世のものだろうと言われています。その絵図を見ると「宇豆柱」と呼ばれる柱が、建物を挟んで外側に二本出ているのがわかります。それが棟持柱だったかどうかは、建物の屋根の絵図がないのでわかりませんが、柱が外へ出ていることは事実であり、神魂神社と同じようなかたちをとっていた。両者の建築方法がいかなるものであったのか、非常に気になるところです。

加えて、これは考古学者の藤田富士夫さんが指摘されたことですが、出雲大社を支える九本の柱の構成は、さきほど赤坂さんが触れられた能登のウッド・サークルの形式と繋がりがある。たとえば真脇遺跡には丸く連なった柱の一ヶ所に入口のようなところがあって、柱の建て方が他とは違います。ですからそこから中に入って何らかの祭祀がおこなわれていたことが想定できます。そして出雲大社でも、中央の柱は心御柱《しんのみはしら》であり、そこへ神を依せていたのではないかという想定が成り立つ。藤田さんはそうした繋がりを指摘されているのです。そうした巨木文化が能登半島から富山湾あたりにたくさん存在し、そこから同心円状に広がって、出雲、諏訪へと繋がっているという藤田さんの仮説は、地図を置いてみると非常に説得的です（「古代出雲大社本殿成立のプロセスに関する考古学的考察」『立正史学』第九九号）。

しかし、なぜそんな巨大な柱を立てたのか。また、古事記には北方系と考えられるタカギノカミ（高木神）という神様が登場しますが、関係があるのかどうか。そうした疑問が湧いてきますね。この点に関しては私自身は否定的ですが、アマテラス（天照大神）といつも一緒にいるタカギノカミは太陽神と結びつく存在であり、出雲大社の高層神殿は天の神と繋がるために建てられた塔ではないかという解釈も可能になります。わたしの考えを言えば、出雲大社が高層なのは、海の彼方に向かっているからだとみなしているのですが。

海が繋ぐ文化

赤坂　三浦さんは古事記神話の読み解きを通して、出雲は南方系の文化だと主張されていますね。
三浦　その要素が強いと思っています。
赤坂　また、伊勢神宮の信仰のルーツも南方系だとしている。
三浦　ええ、元々の伊勢の太陽信仰も南方系でしょう。
赤坂　わたしはここでは、三浦さんが提示されている日本海文化圏の発想に対して、民俗学の立場から「青潮文化論」を仲立ちにして交差してみたいと考えています。南シナ海から上ってくる暖流は、一方で黒潮として日本列島の太平洋側に流れ、伊勢の海岸を舐めて北上していきます。その黒潮の流れから文化を考える視点が「黒潮文化論」と言われるものです。他方、九州の西から対馬海峡を通り、日本列島沿いに日本海を北上していく対馬海流を「青潮」と呼んでいます。この青潮がもたらした文化の圏域を指す概念として、地理学者の市川健夫さんが「青潮文化論」を提案されたことがあります。じつは、わたしはその青潮文化論にとても興味を持ってきたのです。

なぜならば、青潮文化の一環として出雲を考えるならば、「出雲は北だ」といった太郎とは逆に、南のアジアに繋がるような海洋性の文化として位置づけられる。そして、黒潮文化の伊勢と、青潮文化の出雲は、同じ流れの分岐した先にあって、原風景としては非常に近いのではないかと想像することもできます。両者は柱の文化によって繋がる可能性もあるのではないでしょうか。つまり、ヤマト王権がかぶさって、その祖先神的な位置づけをされていく前の伊勢について考えてみたいのです。柱の文化と青潮文化圏は何か関係があったのか。そこでは、出雲と伊勢はどのように関係していたのか。

三浦　いまのお話は納得できますね。わたしはここしばらく、天皇に負けてしまった側に思い入れを持ちながら古事記を読むという試みを続けているわけです。その際に、対馬海流によって南のアジアから文化が入り込むことで、出雲世界さらには日本海文化圏を形作ったというわたしの枠組みは、市川さんの青潮文化論とほとんど重なるのではないかと思います。そして、こうした見方を踏まえることで、さらに日本列島の北へ、あるいは朝鮮半島を含めた東アジアへの広がりを捉えることもできると思っているのです。

いままでわたしは、対馬海流にばかり気をとられていましたが、最近になって痛感するのは、そうした流れは太平洋にもさらに強く流れ込んでいるはずだということです。ですから南からの文化が黒潮とともに南九州から伊勢、あるいは関東にまで広がっていることは簡単に想像できます。

その一つの象徴が海女でしょう。最近では朝のテレビドラマで有名になりましたが、東北まで広まっている海女の文化は、南から到来したとしか考えられません。同時に、海女は太平洋側にも、舳倉《へくら》島のように日本海側にも存在する。分岐する潮の流れを考えるならば、日本列島の両岸に同じ文化要素が流れているのは当然です。

もう一つ例を挙げます。青木繁の「海の幸」という油画がありますね。鮫を担いで裸の漁師たちが歩いているところを描いた有名な作品です。わたしは以前から、こうした裸の漁師たちは青木が過剰に描いたのだろうと思っていたのですが、最近になってほぼ事実だったことに気づかされました。じつは、昭和六年から三〇年あまりにわたって房総の御宿あたりの海女の写真を撮ったアマチュアカメラマン岩瀬禎之さんの遺した作品が、『海女の群像』（彩流社）という写真集になって出版されています。わたしはそれを見て驚愕したのです。海女の写真にまじって昭和三〇年代の房総の漁師たちの写真があるのですが、青木が描いたのとほぼ同じような格好をして船に乗っていたからです。それで、これは完全に「南」だと思いました。インドネシアや東南アジアの漁師と同じような姿ということです。青木は房総の布良《めら》でスケッチをしたと書き遺していますから、まさに南の海の民が房総にずっと入っていたのだろうと思ったわけです。

また伊勢について触れますと、元々は度会という一族が豪族として暮らしていた土地ですよね。彼らは太陽神を信仰していただろうと言われていますが、それは土着の神であったとされています。そこへ天皇家がやってきて、まるごと被さるようにして自分たちの皇祖神へと祀りを変換していったわけです。ですが、天皇家がそうした北方的な神話体系を持ち込む以前の土着的な太陽神信仰は、たとえば対馬の太陽神信仰などとも結びつくのではないか。潮の流れを考えるならば、両者の間に繋がりがあったとしてもまったく不思議ではないはずです。

赤坂　風土記のなかには海人の文化についての記述が点々とありますね。たとえば豊後国風土記には、大分県の東南海岸に「白水郎《あま》」と呼ばれる人々がいたと書かれています。

三浦　中国の海人の表記から来ているだろうとされていますね。万葉集の表記もそうです。

赤坂　「郎」ですから男の海人《アマ》ですね。面白いのは、女の海女があまり出てこないことです。ただ、こうした海女・海人の問題は、民俗学では大切なテーマのはずですが、あまり研究は深まっていません。現在の海女文化を考えると、済州島の海女の潜水漁撈技術が非常に高かったために、その文化が日本列島のほとんどの地域に影響をあたえてきたことがわかります。そのために、済州島の海女とかかわる以前の潜水漁撈の世界である男の海人の世界が見えなくなっているのかもしれません。

三浦　赤坂さんはしばらく済州島の海女文化を調査されていましたが、潜水するのは女性だけですか。

赤坂　そうです。

三浦　舳倉島などもそうですか。

赤坂　舳倉島や紀伊半島の志摩などでも、潜るのは女性だけですね。済州島の海女文化と繋がっています。明治以降にも当たり前に済州島の海女が出稼ぎに来ています。

三浦　では、その済州島の海女文化の起源はどこに辿れるのでしょうか。さらに南ですか。

赤坂　もちろん南から渡ってきたのでしょうが、起源はわかりません。青潮文化論にとっても大切なテーマのひとつですね。

三浦　しかし、往々にして、海の漁をするのは男だとされているでしょう。女性はその近くで貝を拾ったりはするのでしょうが。

赤坂　いや、それがそうでもないようです。沿岸部の漁業では、たしかに船を漕いで漁に出るのは男で、とれた獲物をさばいたり処理するのは女という役割分担はありますが、年を取ってからは夫婦で漁に出る姿も見られますね。つまり、そこには穢れ意識の問題があるのです。女性は穢れであるという意識は弥生以降に非常に強くなったと思われますが、漁撈の世界においても、そこで大きな変化があったと考えています。きわめて興味深いことですが、穢れの問題を追いかけていくと、たとえば海沿いの隣りあう集落のあいだで、まったく穢れを意識しない文化と、厳しくタブーとして意識する文化に分かれているといった現実に遭遇することがあるのです。妊娠した妻は絶対に船に乗せないという漁村もあれば、まったく気にせずともに船に乗って漁をする漁村もある。たとえば家船系の文化はまったく気にしないようですね。

三浦　一緒に船で暮らしているわけですからね。

赤坂　当然のように一緒にいるわけです。家船で暮らす人々が妻の生理や妊娠を忌み怖れるなどありえませんね。漁撈文化のなかにも、いくつかの異なるタイプが重なりあっている可能性があるといったことが、穢れのタブーに眼を凝らすだけで浮かび上がります。おそらく、済州島のように女性を主役とする海女の文化というのは、少なくとも血の穢れをあまり意識しないのではないでしょうか。そういえば、日本列島にも四国の佐多岬半島のように男海人の世界が残っているところはあります。日本の漁撈文化はひとつではなく多様であるということが、きちんと前提におかれて研究や調査がなされれば、それは確実に「いくつもの日本」の民俗学的な掘り起こしにつながっていくはずです。そして、それは避けがたく、たとえば東アジア内海世界のなかで列島のフォークロアについて考えることへと開かれていきます。青潮文化論はそうした意味合いでも、大切な方法であり視座だと思いますね。それが今日の話題である出雲にもつながるといいのですが。

三浦　繋がるかどうかはわからないのですが、高天原からタケミカヅチ（建御雷神）がやってきて出雲が平定されるときに、オホクニヌシ（大国主神）は国を譲るかどうかの判断を子どもたちに託します。長男のコトシロヌシ（事代主）は服従し、次男のタケミナカタ（建御名方神）は力比べで倒され諏訪に逃げるわけですね。それでオホクニヌシは、自分のために立派な建物を守り治めてくれたら隠退しようと応え、国譲りがなされた。

さて、そこまでは有名なのですが、その後に水戸《みなと》（港）の神であるクシヤタマが登場します。この神名は男の名でしょうが、鵜となって海に潜り、まずは海底から赤土を取ってきてお皿を作り、海藻で火鑽臼《ひきりうす》と火鑽杵《ひきりぎね》を作り、それで火を焚いてごちそうを拵え饗応するという場面が続きます。

以前わたしは「カムムスヒ考」という論文を書いて（『文学』二〇一二年一・二月号）そこでも触れているのですが、この場面の解釈は非常に難しい。ほとんどの研究者は「天之御舎」を作るという部分を、出雲大社を建てることだと読んでいます。しかしわたしは天之御舎は一種の迎賓館であったと考えています。つまり、負けた側は勝者に饗応をすることによって、服属の誓いを立てるわけですが、その御馳走を振る舞う建物が必要になる。それが天之御舎であり、そこで鱸を料理して饗応するために、クシヤタマが海に潜って饗応の準備をし、延縄で鱸を釣って奉るのです。そして、そのクシヤタマが男の海人なんですね。ですから、古代出雲には実際に男海人がいたのかもしれません。

赤坂　いまのお話を伺っていて思い出したのですが、鵜が潜水をして海底の土を取ってくるといったモチーフは、さまざまな民族の神話に見られるものですね。創世神話のなかでは、水底の土を取るために潜るものが登場する場合、はじめと二番目のものは海底に辿りつけずに死んでしまい、三番目に登場するものがかろうじて爪に土を付けて戻ってくる。その土を素材にして、人間や大地などあらゆる物が作られるわけです。そうした創世神話の面影が、いまのお話のなかにはありますね。そしてもうひとつ、鵜が登場することからは、中国南部に展開する鵜飼いの文化とのつながりが感じられます。

三浦　たしかにクシヤタマは、「鵜になり」て海にもぐったと語られていますし、鵜飼については古事記のほかのところに出てきますし、そうとうに古い時代に存在していますね。これらは、南方的な性格を持つと思うのですが、潜水型神話と呼ばれる起源神話は、北方にも南方にも広く伝えられていますね。

潟の世界から

三浦　さて、ここまでは太平洋沿岸の黒潮文化圏と日本海沿岸の青潮文化圏という二つの道筋から、出雲と日本列島の古層について話してきましたが、そうした文化圏の内部において人々はどのように繋がっていたのでしょうか。今度はそのことについて、赤坂さんのお考えを伺えればと思います。

この問題を考えるときに、たとえば縄文時代において翡翠という石玉が果たした役割から大きなヒントを得ることができるのではないでしょうか。翡翠は当時、新潟県糸魚川市（古代では「高志の沼河（奴奈川）」と呼ばれる）周辺でしか採取できなかったにも関わらず、日本列島全体に拡散し、さらには朝鮮半島にも渡っているんですね。そうした拡散のありようからは、翡翠が商品というよりも「贈物」「贈与品」として、人間の動きに合わせて移動していたことがイメージできます。この時代におけるもっとも象徴的な産物と言えるでしょう。しかもその動きは、ほとんどが海岸経由となっています。翡翠を抱えて移動していたのは、海に出る技術を持った人々だったのでしょう。

そして、そうした人々の動きを考えるなかで、この討議の最初に赤坂さんがおっしゃった「潟（ラグーン）」が非常に重要な意味を孕んできます。と言うのは、日本海沿岸には一〇～一五キロメートルごとに潟が点在していて、それを介して移動していくことに気づくからです。日本海沿岸から丸木舟が数多く出土するのは、そのような移動があったことを示しているのかもしれません。そうした海の民の文化を取りだすことで、出雲と北方、あるいは朝鮮半島との繋がりも捉え返していけるのではないでしょうか。

赤坂　おっしゃる通りですね。わたしは3・11の震災の後で、かつては潟が太平洋側にも点在していたという事実に初めて気づかされました。明治維新以降に太平洋沿岸の潟はほとんどが干拓され、水田や住宅地になってしまいましたが、今回の震災で津波をかぶったことで、元の姿つまり

典型的な潟湖（ラグーン）「久美浜湾」（京都府丹後市）

潟あるいは浦へと戻っていたのです。そうした潟や浦を目の当たりにして、これはいったい何なのかと衝撃を受け、調べはじめたわけです。そうすると、津波と原発事故によって壊滅的な被害を受けた福島県南相馬市のあたりにも、明治三〇年頃までは潟が点在していたことがわかってくる。それでわたしは、柳田国男の「潟に関する連想」(明治四二年、全集23)というエッセイを以前に読んでいたことを思い出し、引っ張り出して再読してみたのです。

柳田はそのなかで、潟という内海の漁撈的世界は、稲作的世界とつねにせめぎ合いを演じてきたと語っています。柳田は日本海岸のひとつひとつの潟を辿りながら、それが水田によって浸食され、小さくなったり消えてゆくさまを描いているんですね。わたしはそれを、太平洋岸の近代に起きた潟の消滅の過程を思い起こしながら読んだわけですが、柳田が取りあげていたのはもっぱら日本海岸の潟のことなのです。つまり、潟をめぐる風景は柳田が生きた時代ですら、日本海側と太平洋側とではまったく違っていたのです。柳田は日本海側の海辺の景観のきわだった特色として、潟に対する関心を呼び起こそうとしていました。つまり、あの柳田でさえ、稲作に追われて消えていった太平洋岸の潟については視野に入っていなかったのです。くりかえしますが、潟を埋め立てて作られた水田が弥生以来の海辺に広がる原風景であったことは、日本海側においてこそきわだつものでした。いまでも日本海側には潟が点在しています。地名は潟の記憶を豊かに残しています。たとえば新潟県など潟を抱いた地名ですが、その海岸線には地名が物語りしているようにまさしく潟の世界が広がっています。そして、そうした潟の世界は古代の出雲にも広がっており、それを舞台として出雲国風土記の神話や伝承は形成されていったはずです。

この潟の世界が重要なのは、そこでは風景がつねに動いているからです。それが非常に面白いんですね。たとえば常陸国風土記の夜刀神伝承が描きだしていたのは、谷あいの湿地が湿田として開拓されてゆく情景です。それはおそらく、この列島に展開した初期稲作農耕のひとつのタイプを示唆していますが、それとはまったくタイプが異なる初期稲作農耕をめぐる原風景が、ほかならぬ潟にはあります。出雲地方の弥生遺跡の景観を復元した、とても興味深い辻誠一郎さんの研究があります。海との境に沿って徐々に砂州が伸びていくことで潟は海から切り離され、やがてまったくの内海ができるわけですが、その一番奥の高台にムラが作られ、その周囲に水田が拓かれていく。そうやって、長い時間をかけて水田地帯が海辺に広がっていったのです。ですから、大変に長い時間のなかで、日本海岸の潟はゆっくりと変化してきたし、いまも変化を続けているといえるのではないでしょうか。

わたしにとっての日本海文化圏とは、こうした潟の文化を基盤として形づくられたものであり、潟はなにより漁撈と稲作、そして交通運輸がせめぎ合いながら風景をゆるやかに変容させてきた世界なのです。そうした潟文化論をしっかりと構築した上で、青潮文化論に重ね合わせてみたい。さらに、両者の古層にある縄文的な文化をも含めた重層性を浮き彫りにすることが、日本海文化圏のイメージを立体的に浮かび上がらせるための拠りどころになるだろうと感じています。

三浦　太平洋沿岸の問題については、わたしも赤坂さんの『3・11から考える「この国のかたち」——東北学を再建する』(新潮選書)を読んで初めて知りました。日本海側と同じように、太平洋側にも潟が広がっていたことを想像すると、その風景はまったく違って見えてきますね。

赤坂　太平洋岸のイメージとしてわたしたちがふつう想定するのは、三陸海岸のようなリアス式に入り組んだ海岸線です。しかしそうした風景は、じつはほんの一部に過ぎません。三陸海岸から少し北に行けば、下北半島には小川原湖のような潟が広がっていますし、南に下れば宮城平野には鳥の海、相馬地方には松川浦があります。明治の地図を見ると、相馬の海岸には四つか五つの浦や潟がありました。さらに南に下れば、関東の霞ヶ浦や静岡の浜名湖といった巨大な潟がいまなお存在しています。ですから、リアス式海岸を太平洋岸の原風景とイメージしてしまうのは間違いです。

三浦　いまのお話を出雲という場所で考えるならば、やはり出雲国風土記で描かれた古代といまの風景との間にある隔たりが頭に浮かんできます。たとえば出雲国風土記には斐伊川が流れ込む「神門の水海《みずうみ》」という大きな潟があったことが記されています。ところがそこは近世になって斐伊川が河川改修されたことで巨大な水田に姿を変えました。また宍道湖にしても、島根半島の付け根あたりはほとんど干拓された土地ですから、古代からは規模をかなり小さくしているはずです。

そもそも縄文期以前の島根半島は中国地方と切り離され、間には海が通じていました。その後も長きに渡って宍道湖と日本海とは複数の水路で繋がっていたとされています。ですから宍道湖のほとりは交易の港として最高の立地条件を備えていたはずです。そうした立地に支えられて、出雲という世界は存在し得たと考えるべきでしょう。

さらに重要なことは、そうした地理的条件と古代の出雲世界の仕組みとの密接な関わりです。古代の共同体のあり方として、わたしたちは往々にして武力による垂直的な支配体制を持った集団をイメージしてしまいます。たしかにそのイメージは中央集権制と律令制を作りだしたヤマト王権には当てはまる。しかし、すべての共同体がそうであったと考えるべきではありません。そして、出雲では真逆の王権が作られていたはずです。それは交易を中心とした集団のあり方であり、王権的であるというよりも国家を必要としない共同体ではなかったのではないでしょうか。

赤坂　出雲が国家を形づくっていたとしても、その原理はヤマト王権とはまったく異なっていたかもしれないということですね。中央集権的な国家では、このような網の目のように見えない海の道・陸の道が張り巡らされた潟の世界を治めることなど、到底不可能だと思いますね。いたるところに海流や風や地形を読んで道が姿を現わし、海の道・陸の道の結節点に市が開かれ、海の人・里の人・山の人がそれぞれにモノや情報や物語を携えてあつまってくる、といった開放系の場を思い浮かべてみるのも愉しいですね。潟の世界を抱え込んだ出雲には、海洋交易によって立つ国家（クニ）でなければならない必然がきっとあるのです。

三浦　古墳の分布からも、島根半島の付け根である斐伊川の下流（いまの出雲市周辺）、そして松江市周辺、安来市周辺では、それぞれ違う勢力がいたことが読み解けます。さらにそうした権力の分散と点在は、島根半島周辺に限ったことではなく、日本海沿岸全域に広がっていたことも推測できます。いわば、潟ごとに独自の勢力が存在したわけです。そうした小さな勢力圏が連なりながら、お互いが交易によって結びついている。そうした世界像がイメージできるのです。

赤坂　そうした結びつきは非常に面白く、また陸の人間にはイメージしがたいものです。わたし自身が三陸を歩いた経験からいえば、たとえ隣りあったムラ同士であっても、それが交易や婚姻関係でつながっているという保証はまったくありません。陸上中心のまなざしでもって、リアス海岸の小さな襞ごとに点在する複数の海辺のムラを囲い込んでみても、現実の人の動きとはまったく一致しないのです。ここでは徹底して遊動と定住とがたがいに入れ子細工になった、もうひとつの地域のイメージが求められています。海は一度船で漕ぎ出せば、潮の流れや風によって思いがけないところにつながっていきますからね。たとえば白浜という地名は、和歌山の南紀白浜から伊豆や房総半島の白浜、さらには三陸海岸の白浜へと連なっています。こうした連なりこそが海民の動きを示しているのです。そこでは地面に線をひいて囲んでいくような発想は通用しません。リアス海岸の世界も、潟の世界もそれぞれに、そこに生成を遂げる地域のイメージは、陸上中心の眼差しをひとたびカッコに括ることなしには生まれてこないと思いますね。

三浦　そして厄介なことに、そうした世界は残らないのです。考古学的にも跡を追うことは非常にむずかしい。

赤坂　その通りですね。明治と昭和の三陸大津波を調べてみると、村民の八割が津波の犠牲になったような村が数年で復旧したというケースがよく見つかります。そこでは、どうやら漁村がそれぞれに持っているネットワークによって、人を集めることができたらしいのです。そうしたネットワークが当時は全国の漁村に張り巡らされていて、人が足りない村ができると全国から余剰人口が流れ込んだのでしょう。そこにはどうも在日の人たちの影があるのですが、それを確認するにはいたっていません。三浦さんがおっしゃる通りで、そうした海民の移動は把握することが非常にむずかしいですね。

隣りのムラと密接な交流があれば、その間の人やモノの流れを追うことは可能ですが、まったく離れたムラとの間で婚姻関係を何百年も続けているといったことも稀ではないとしたら、それをどのように明らかにすることができるか。ともあれ、そうした見えないネットワークが存在することを想定しておかないと、海民の文化に対して間違ったイメージを生んでしまうかもしれない。それはきっと出雲世界について考えるときにも必要な視点でしょう。出雲世界のなかに見え隠れしている「いくつもの出雲」が像を結んでいくと、いかにそれがヤマトの中央集権的な国家とは異質な世界であったかが明らかになるはずです。

三浦　ノンフィクション作家の星野博美さんが『コンニャク屋漂流記』（文藝春秋）という楽しい本を書いています。彼女の出身は房総半島の御宿なのですが、その先祖を調べると和歌山県に辿りついたそうです。そこで、自分の家系がなぜそんなところと繋がるのかと疑問を覚え、先祖探しをするという内容です。そして彼女は、自分の住んでいた村から平気で別れて他へ移ってしまう漁師が大勢いたことを知るんですね。それは言わば、船を持って移り住む海洋民たちです。

赤坂　漁師たちが出稼ぎ漁をずっとやってきたからでしょうね。海の民は漁場をもとめて移動していきますが、はじめは人が住んでいない荒浜に作業小屋のようなものを建てて、季節的な漁の拠点とするらしい。そこにはやがて、元の村であぶれた人間たちが送り込まれ、しだいに新しい分村ができあがるわけです。もちろんその過程では、移住先のまわりの村々の漁業権や入会の問題と抵触しないための調停もなされるでしょうが、彼らが携えていくのは勧請する神様と民俗芸能だけだったりする。南三陸町の水戸辺という漁村は今回の地震と津波で壊滅的な被害を受けましたが、そこには鹿踊《しし》りの伝統があります。五月の連休のころには復活を遂げていました。この鹿踊りは三〇〇年くらい前に西のほうから運ばれてきたものだということでした。ムラの成り立ちはもっと古いかもしれません。そうした海辺の村々の文化の成り立ちや歴史を辿っていくと、どれも非常に面白いのですが、同時に、注意しなければいけないこともたくさんあるわけです。その意味でも、出雲は海洋世界に属するといえるのではないでしょうか。

三浦　間違いありませんね。

赤坂　さらにいえば、伊勢も古層においては海洋世界に属していますね。さきほども触れましたが、南からのあたたかい海流は黒潮となって伊勢・志摩の海岸も舐めていますからね。伊勢は大きくは黒潮文化圏に属していたはずです。出雲と伊勢とは構造論的な世界観においては対極の場所に置かれますが、古層においては非常に近接したものがあることは容易に見てとれるはずです。

神話はどこからやってきたか

赤坂　ところで、三浦さんは古事記における南方系の神話の影響についてはどのように考えていらっしゃいますか。出演されていたEテレの番組「100分de名著」のテクストでは、南方系の神話がすべて日本海側に流れているように書かれていましたが。

三浦　たしかにテキストではそう書いてしまいましたが、必ずしもそれだけに収まるものではないでしょうね。たとえば、「稲羽の白兎」神話に登場するワニ（和邇）は明らかに南方的な性格を持った海の神の象徴ですが、日向神話にも登場しています。つまり、天皇の祖先神話さえも、南方系の性格を有しているということです。南の文化が日本海側だけに流れ込んだのではないことは、ここからも明らかでしょう。

ただ、日向神話と出雲神話を比較すると、別の興味深いことも見えてきます。両者に共通する、言わば日本神話の基本的な構造として、「水平線の向こう」の存在が見えてくるからです。つまり、わたしたちの暮らす世界が海の向こうと繋がっているという世界観ですね。たとえば「海幸彦と山幸彦」の神話に登場するワタツミ（綿津見神）の宮殿は、海をずっと先までいった先の海底にあるとされています。ほかにも、「常世の国」が海の向こうなのは当然として、「根の国」（根の堅州の国）も地面のなかにあるように見えて、六月晦《みなづきみそか》の大祓の祝詞では海の向こうにあると書かれています。このような感覚は沖縄神話におけるニライカナイと繋がるものがあるのでしょう。つまり、海の彼方に神の世界や自らの原郷を見出すという世界観です。同じようなことを柳田国男や折口信夫も指摘していますが、南方系を基盤とする共通項として、極めて重要な要素だと思います。

それに比べて北方的な神話では、神が天から垂直的に、言わば「ドーン」という感じで降りてきます。これはたとえば、天皇家の祖先神ニニギの高千穂降臨のような神話です。それは南方系とは別ものと考えるべきでしょうし、日本神話の基層にあるのは、南方系の「水平線の向こう」の世界だと思います。またそれは、海洋民の感覚とも密接に繋がっていると考えるべきです。

ところであの番組では、タレントの伊集院光さんが聞き手として登場しています。その彼が面白いことを言っていたのです。海に囲まれてまわりに何もない世界であれば、人は水平線のかなたに理想郷を見ることができるだろう。しかし平地の真ん中で暮らしている人にとっては、地平線の向こうにも人が暮らす土地があるだけだ。だから人の視線は天へと向かうのだと。天には何もないから、神の世界となり得るというわけです。そういうことを言われて、なるほどと思いましたね。北方＝大陸的な感覚と、南方＝海洋民的な感覚とが、まったく違うということがよくわかるように思いました。

赤坂　彼の説明は正しいかもしれませんね。陸地というのは、そこにどれほど広大な荒野が横たわっていたとしても、つながった道の先から人が現われますからね。それで地平線の彼方にも人が住んでいるとわかります。神々は高い樹木や森や山を仲立ちにして、この地上に降りてくるという垂直的な感覚は、たしかに海洋民には見られないものかもしれませんね。

そこでもうひとつ質問をしたいのですが、神話学の吉田敦彦さんがスサノヲに殺されたオホゲツヒメの神話には、東南アジアやオセアニアに分布するハイヌウェレ型神話とつながりがあるという説を立てられていますね。わたしもその説は興味深い解釈だと思っています。そして、縄文文化は日本列島の北を中心にして広がっていましたが、じつは南とのつながりを広く深く有していたと考えれば、この解釈は受け入れやすいだろうとも感じています。三浦さんはいかがお考えですか。

三浦　ハイヌウェレ型の神話は南方から日本列島へ縄文期に入っていたと考えています。二〇一二年末のことですが、東大をはじめとする研究チームによって、ゲノム解析の結果から、アイヌと琉球が遺伝的に同系統に属するという見解が発表されましたね。これはマスメディアでも驚きをもって大々的に報じられていたと記憶していますが、縄文期において、日本列島を同じような人々が覆っていたと考えるのは、割と受け入れやすい考え方なのではないでしょうか。縄文期に日本列島を覆っていた縄文人、まったく同質の人たちばかりかどうかは意見がわかれると思いますが、さらには旧石器時代も含めた古層の列島住民が寒冷地適応をしていなかったことは確かですし、氷河期にも寒いところには住まなかったらしいのです。ですからアイヌも含めて、そのほとんどが南方系の人々だったと考えるのが、適当のように思います。ただし、縄文の人々がどのようなルートを通って日本列島に入ってきたかはわからないし、道はいくつもあったと考えられます。そしてその後、そこへ弥生文化を担う人々が朝鮮半島経由で流入してきた。

赤坂　たしかにアイヌの人々の高床式の建造物などは、南方系の要素を考慮しないことにはありえませんね。北方系の文化ではないでしょう。もちろん沖縄にも高床式の建物がありますし、それらは東南アジアや南太平洋の島々へと連なっていく南方系の文化なのだと思います。

三浦　近年の人類移動に関する調査からも、東南アジアから日本へと入ってきた人々が大勢いたと考えられています。現在の南シナ海一帯にはかつてスンダランドという肥沃な平野が存在していました。それが一万数千年前頃から温暖化によって少しずつ海底に沈み込み、住んでいた人々が四方に拡散していったとされていますが、日本列島で縄文文化が始まるのと同時期なんですね。ですから、日本列島の最古層の人々は、そのあたりからきたというわけです。この説は、さきほど述べたような南方系の神話との繫がりにもうまく接合します。ですから、こうした移動の経験が、日本神話の古層にはあるのではないかと思うのです。

それに対して、弥生人というのは北方系であり、天皇家に代表されるような天から降りてくる神話を持った人々です。それが少数ながら弥生時代に流入して、日本を支配するようになった。

赤坂　ただ、弥生人という言葉でイメージされるのは、天皇家につながるような支配層の文化とは違った人々のことですね。それは稲作の種子と栽培技術を持って日本列島に渡ってきた人々であり、彼らのルーツは揚子江流域を中心とする中国南部にあるのではないか。この初期稲作農耕民が漁撈民でもあり、船を操る技術を持っていたことは確認されています。そうした人々を弥生人としてイメージしたいのです。そしてハイヌウェレ型神話の淵源も、南太平洋の島々ではなく中国南部に辿れるのではないかと考えているのですが……。それは大林太良さんが示唆的に述べられていたことです。

三浦　つまり、稲作を持って南から来た弥生人と、垂直的な神話を持って北から来た弥生人とが別にいたということですね。天皇家に代表されるような人々は寒冷地適応をしていて、北周りで日本に入ってきたと言われています。同じ寒冷地適応したモンゴロイドは、アジアの北のほうにも揚子江流域のあたりにも広く分布していたと考えればいいのかもしれません。

赤坂　弥生時代にも高床式の建物がありますが、源流をどこに求めればいいのか。やはり南方のどこかですよね。日本列島に稲作が渡ってきたルートについてはおそらく幾通りかあって、そのひとつが柳田国男の提唱した「海上の道」ですね。これはたぶん、稲作伝来の主要なルートではありませんが、稲の一種である熱帯ジャポニカが海や島伝いに北上したルートだろうと思います。いまの中国大陸を見ても、北には稲作地帯はありません。

三浦　そうですね。そうした人々は、朝鮮半島は経由しているかもしれませんが、それ以上は北に行っていないでしょう。また一方で、沖縄では北から稲作が入ってきたと言われていますから、稲作は北九州あたりから日本列島に入ってきたのではないでしょうか。ただ、そのルートについてはよくわかりませんが、最近読んだ本によると、朝鮮半島にいた稲作民が北九州に入ったと考えるのが有力らしいですね（印東道子編『人類の移動誌』臨川書店）。しかし、朝鮮半島でおこなわれていたという稲作が南から伝えられたものであるのは間違いないでしょう。

赤坂　わたしもさきほど三浦さんが取りあげられた、いわゆる「二重仮説」は非常にクリアな説明だと思っています。その一方で、稲作技術が伝わったルートについては、どの説明にもいまひとつ納得しきれずにいます。

三浦　ただ総体としては、日本列島に渡ってきた弥生系の人たちの数はそれほど多くないようです。そのなかに、稲作をもたらした人々と、北方経由で天皇家の祖先の周辺に連なった人々が、時期的にもわかれて存在していたということでしょうか。稲作は天皇家よりも古い時代にもたらされたはずです。弥生系の人々も縄文系の人々も、何世代もつないで長い時間をかけて日本列島に入ってくる、そのような重層的なイメージをもつのがよいでしょうか。

赤坂　そうですね。われわれが漠然と「南方」の名のもとに指し示している場所は、じつはいくつか存在して、それらが曖昧模糊として重なり合っているのかもしれません。われわれの抱いている「南方」イメージは、中国南部の雲南あたり、大陸から島嶼へと連なる東南アジア、そして南太平洋の島々（ミクロネシア・メラネシア・ポリネシア）といった茫漠とした広大なエリアをフィールドに紡がれてきました。最近になって、あらためて日本神話の源流というテーマに関心を覚えているのですが、そうした広大な「南方」とのつながりを探っていくと、縄文／弥生という区分そのものが窮屈に感じられてきます。縄文も弥生も「ひとつ」ではなく「いくつも」存在すると考えなければ、日本神話の源流といったテーマがあらたな段階へと踏み出していくことができないのかもしれない。自明のようでいて、まだまだわからないことばかりなんですね。

タブと飛魚

赤坂　東北学の輪郭を描くための試行錯誤をしていたころ、山形県酒田市の沖合いに浮かぶ飛島で何度か調査をしました。島に点在する神社の境内がタブの群生林になっていることに気づいたのは、島の植生地図を眺めていたときのことでした。タブというのは照葉樹林の代表的な樹木ですが、その北限が飛島なんですね。それがわたしのタブという樹木に対する関心のはじまりでした。神社の境内にしか群生していないことから考えても、神社とのつながりが深いことは明らかです。タブの下には水が貯まるから切ってはいけないといわれて育った、そう地元の人はおっしゃっていましたが、それがなぜ神社の境内にだけあるのかは、誰も知らないようでした。そして、特別なタブにまつわる民俗といったものは存在しない、という。本当にないのか、忘れられたのか、わかりませんが……。

三浦　鳥取市には稲羽の白兎を祀った白兎神社がありますが、その森がタブだったと記憶しています。それに能登半島の先端にある須須神社の裏にもタブの森がありますね。

赤坂　日本海沿いの岬や島の神社の境内には、どこでもタブと椿の杜がありますね。椿の木には、柳田が「椿は春の木」という随筆で触れたように、八百比丘尼によって全国に広められたという伝説があります。そして、そうした樹種が日本海側の潟の周辺に神々の杜となって点在しているのです。

　わたしはいろいろなところでタブの森を見てきました。青潮文化論に引きつけて考えるならば、対馬海流には朝鮮半島の西側へと北上していく流れもありますから、そうした地域にもタブがあるかもしれない。そう考えて、済州島や朝鮮半島の西側の珍島を中心とする多島海を巡りあるき、堂《タン》と呼ばれる聖所にはどんな樹木が生えているか、タブや椿は神の木とされているかといったことを調べて回ったこともあります。その痕跡はほとんど消えてしまっていましたが、島ごとに森はいくらか残っていました。それらの島々では、榎が神の木として広く分布していましたね。椿も見かけました。うち棄てられたタンの石垣のなかにタブの老木が朽ちかけているのをやっとのことで探し当てたのは、洋上はるかなフクサンド（黒山島）という島でした。

　じつはもうひとつ、タブを気にかけるようになったきっかけがあります。それは折口の『古代研究』の口絵写真です。そこに理由も説明せずにタブの写真が何枚も使われているんですね。これは何なのかとずっと気になっていた。折口の養子だった春洋の故郷、能登半島の気多大社を訪ねたときに、その答えの一端がわかった気がしました。春洋の実家の庭先に、樹齢が一〇〇年は優に超えていると思われるタブの木が立っていたのです。そして、折口が『古代研究』を執筆していた時期と、春洋と出会った時期は重なっていますから、口絵の秘密はこのあたりにあったのかと思ったのです。むろん同時に、タブは沖縄に、さらには南アジアへとつながっていく樹種でもある。ですから、タブもまた南からの海流に乗って広がっていった文化ではないかと考えるようになりました。

ところで、飛島の重要な生業のひとつが、トビウオ漁なんですね。トビウオをさっと焼いて乾燥させると、よい出汁のもとになります。またイカから魚醤を作るという技術もあります。そうした魚の加工をめぐる文化も南方のアジアにつながっていて、その北限として飛島を位置づけてみたいと考えてきました。そこで三浦さんに、あらためて出雲世界のなかではタブや椿がどのような樹木と見なされているのかを教えていただきたいのです。古い神社や森には間違いなくタブが植わっているはずです。

三浦　ちょっと探してみましたが、出雲国風土記には、各郡ごとに山野に生えている植物名を列挙する項目がありますが、そのなかにタブに該当すると思われる植物名は出てきません。ちなみに万葉集ではタブは「つまま」と呼んでいて、大伴家持が、「磯の上の都万麻《つまま》を見れば根を延《は》へて年深《ふか》からし神さびにけり」(巻一九、四一五九番)と歌っています。一方、ツバキですが、出雲国風土記をみると、ツバキ(椿／海榴)は、意宇郡・嶋根郡・秋鹿郡・楯縫郡・出雲郡・神門郡と、海岸線の郡にはどこでも生えています。南方的な樹木のはずのクスノキ(楠)も、出雲国風土記では各郡に出てくるのですが、タブは日常生活では役に立たないためでしょうかね、あっても載せられていない可能性もあります。ただ、中国では漢字「楠」は「タブノキ」を意味するそうなので、出雲国風土記の「楠」もタブのことをさしていると考えることもできるかもしれません。ちなみに日本書紀では、クスノキは「樟橡」という漢字を用いるのがふつうで、「楠」は用いません。さらに調べてみると、タブはクス科の樹でイヌグスとかタマグスとか呼ばれるようですし、船材に使われる巨樹に成長するクスは暖かい地方に自生する樹種で、日本海側にはほとんど生えていないはずです。とすると、出雲国風土記に記された「楠」という山野の樹木は、いわゆるクスノキではなくタブである可能性が高くなりますね。注釈書類では、楠はクスノキとするだけで、わたしもそう考えていましたが、改めて調べなおしてゆくと、「楠はタブである」という論文が一本書けそうです。

そしてもう一つ樹種を挙げるならば、クバ（ビロウ）でしょうか。古事記のなかにも瀬戸内海に「檳榔《あじまさ》（クバのこと）の島が見える」という記述があります。熱帯性の植物であるクバの森が瀬戸内にあったかどうか、考古学的にはわかっていないそうですから、南方のイメージが重ねられて語られたのでしょう。いずれにしてもそういった樹種が神の木として、南方との繋がりを示していることは確かです。

赤坂　それは柳田の『海南小記』のテーマでしたね。

三浦　ええ、そうですね。「阿遅摩佐の島」という論文でクバを論じていますね。

また、トビウオに関して言えば、島根や鳥取では「あご」と呼ばれています。あご焼きは当地の名物ですよ。

赤坂　そうしたトビウオの習俗を辿っていくと、トビウオをめぐる文化が飛島から出雲を経て南方のアジアへと連なっていることが確認できると考えています。まさにそれは青潮文化論の恰好のテーマとなるはずです。

三浦　もう一つ、出雲と南方の関わりについていえば、出雲神話には母系的な性格が非常に強いことが挙げられます。その象徴が、カムムスヒ（神産巣日神／神魂命）という神です。出雲の神であるオホクニヌシ（大国主）は兄たちに殺されるたびに、カムムスヒに助けを乞う。するとカムムスヒは赤貝の女神と蛤の女神を使わしてオホクニヌシを生き返らせてくれるわけですね。カムムスヒは祖神とも呼ばれますが、「祖」というのは必ず母を指しますから、明らかに母神なのです。しかも、直接の母というよりも、大地母神のようなイメージがあります。

赤坂　大地というのは、この場合は海を指すわけですね。

三浦　そうです。海の彼方にある根の国が母なる世界であり、カムムスヒのような母神がいるといったイメージでしょうか。そこから赤貝や蛤が送られてくる。ところが、古事記ではカムムスヒは高天原にいることになっていて、タカミムスヒ（高御産巣日神）と並んで出てきます。すべての神様が高天原に引っ張り上げられてしまっているからです。しかしそこでも、必ずアマテラスを助けるタカミムスヒと、オホクニヌシしか助けないカムムスヒが並んでいるのはいかにも奇妙な風景であり、カムムスヒの母系的な要素を際立たせています。

赤坂　赤貝や蛤に傷を癒す力が認められているんですね。それはむろん海の力であり、母の力でもある。加えて、三浦さんはオホクニヌシを助けるのが決まって姉妹や叔母といった女系であることを指摘されていますね。それは沖縄のおなり神信仰とつながるのではないでしょうか。姉妹が兄弟を守護するという信仰ですね。

三浦　その通りです。古事記における根の堅州の国などは、ニライカナイとほとんど同じ世界のはずです。柳田国男も論じていますが。

赤坂　なるほど。しかし、そうした日本神話のなかの他界や異界の観念については曖昧な部分が多いですね。根の国と黄泉の国とはどのような関係にありますか。

三浦　黄泉の国は垂直的な性格を持っています。ただし、黄泉の国は地下ではなく地上と平面でつながった坂の上にあるとみなす考え方が神野志隆光氏によって唱えられ（『古事記の世界観』吉川弘文館）、支持する人も多いのですが、わたしは、そのとらえ方は黄泉の国の神話の文脈を誤読していると思っています。神野志氏は、イザナキがイザナミの腐乱した姿を覗き見て逃げ帰る場面の、追っかけごっこの部分を黄泉津比良坂《よもつひらさか》を逃げ下っていると読むのですが、その読み方が間違っているのです。この逃竄譚の部分は、イザナミが横たわる御殿から地上への通路である黄泉津比良坂をめざして、広い黄泉の国のなかを逃げ廻っていると読むべきなのです。そして、ようやくのことで地上につながる坂の麓にたどり着いたところで桃の実を見つけ、追手に投げつけて追っ払ったというふうに読まなければなりません。

そうでなければ、そのあと、地上へと向かう登り坂を逃げているとイザナミが追いついてきたために、坂の途中に千引の石を置いてイザナミと対面するという、よく知られたクライマックスの位置関係が不自然になってしまいます。そのため、わたしは『古事記伝』以来の通説にしたがって、黄泉の国というのは死んだ人間が落ちていく真っ暗な地下世界だと考えています。それは、地上である葦原の中つ国を中心として、天空の高天の原、地下の黄泉の国という垂直的な三層構造をもつ北方系の世界観に裏付けられた異界です。

それに対して、根の堅州《かたす》の国というのは、黄泉の国と混同する人もいますが、元来、地上とは水平的な関係に位置づけられた海のかなたの異界、島のようなところと考えられていました。古事記の神話では、根の堅州の国は黄泉の国と重なってしまって地下のイメージを与えられているようにみえますが、本来はもっと明るい、海のかなたにある原郷的な世界だったはずです。そして、そのように観念できるからこそ、人は死を受け入れることができるのではないでしょうか。それが南方的な要素をもった水平的な世界観の基本的な認識だと思います。

赤坂　沖縄では後生《グショウ》と呼ばれる場所は死後の世界ですが、暗いイメージがありますね。あれも黄泉の国に繋がるのでしょうか。

三浦　そう思います。死の世界についても時代層がありそうです。ニライカナイも死のイメージをもちますが、明るいのではないでしょうか。死者の世界をどう考えるかで、答えは違ってくるでしょうね。たとえば死者を洞窟に葬るとすると、その洞窟から死者がどこかへ向かうのか、あるいはそこに留まるのかとか、いろいろ考えられるわけです。しかし、多くの場合、死者を葬った場所と死後の終の住処とは、違っていたのではないでしょうか。

赤坂　そうですね。たとえば、遺体を埋める墓とお参りする墓を分ける両墓制を習俗としてもつ地方では、浜辺に埋め墓を造るところがあります。『死の棘』の作家・島尾敏雄の故郷でもある福島県南相馬市の小高には両墓制があって、かつて海岸に土饅頭の埋め墓が並んでいました。わたしが震災の数年前に訪ねたときにも、海がすぐ見える浜辺に埋め墓がありました。その後、東日本大震災の津波でそれらの墓はすべて流されました。しかし、それでいいんですね。海辺の埋め墓は流されるのが前提だからです。波に洗い清められて、骨は海の彼方のニライカナイのようなところに運ばれていくと考えられています。

また、対馬の青海という典型的な両墓制のムラを訪ねたことがあります。いまでは埋め墓と詣り墓が一緒になりつつありますが、かつては埋め墓が海辺近くに、いわば津波や高潮で流される場所にあったことを知りました。そのムラには寄神信仰の神社もあって、海辺はいろいろなものが流されると同時に、海の彼方から漂着する境界領域だったことがわかります。そうした習俗を支えているのは、海の彼方には他界があり、そこへ清められた骨が運ばれていくといった他界観念でした。

三浦　これも藤田富士夫さんが指摘されていたことですが、日本海岸には海蝕洞穴が数多くあります。そういった洞穴は、縄文時代から何層にもわたって死者を葬る場所とされてきました（『古代の日本海文化』中公新書）。なかでも一番有名なのは、出雲大社の真裏というか北側の日本海に面した海岸にある猪目《いのめ》洞窟で、この洞窟のことは、出雲国風土記に「黄泉の穴」、「黄泉の坂」と呼ばれてでてきます。その洞窟の前に行く夢を見たらかならずその人は死ぬという恐ろしい洞窟です。その洞窟を発掘したところ、何層にもわたって十数体もの人骨が重なって出てきた。弥生時代から古墳期のものだそうで、海に面した海蝕洞窟です。

このように、死者は葬られた場所を通って海の向こうに向かいました。日本海側にはそれを示す場所が点々と残っています。たとえば、能登半島の付け根、富山県の氷見という町に大境洞窟という洞窟があります。しかしここを最初に発掘した有名な考古学者は、人骨の重なりを見て住居跡と考えてしまった。落盤で死んだのではないかと言ったわけです。しかし、出土する土器が赤く塗ってあることからも、この洞窟も明らかに死者を葬る場所でした。洞窟で死者を葬り、そこから海の彼方に運ぶという信仰はとても強いものだったのでしょう。言い換えるならば、それは南に繋がる水平的な世界観をもっていた。

赤坂 そう説明されると、いろいろと思い当たることがありますね。たとえば佐渡の一番北には賽の河原があるのですが、そこも海蝕洞穴であり、その下を発掘すれば古い時代の人骨が見つかるかもしれません。死者が埋められ海に運ばれる聖なる場所に、その後に到来した仏教がかぶさることで、賽の河原へと変容していったのではないでしょうか。そうした仏教の影がまったくない、たしか与論島でしたが、まさに海を見下ろす断崖の海蝕洞穴のなかに古い葬送の跡がありました。径が一・五メートルほどの円環状に、頭蓋骨や大腿骨などが密集して並べられていました。洗骨後の骨でつくられた祈りのモニュメントだと思いました。それが福島県新地町の三貫地貝塚から出土した縄文人の墓とそっくりであることに、ずっと後になって気づきました。茫然としましたね。海蝕洞穴であるかどうかはわかりませんが、三貫地貝塚は当然とはいえ黒潮に洗われる海辺のムラの遺跡です。

三浦 また、こうした墓地としての海蝕洞穴は日本海側に特徴的な遺跡だと言われていますが、太平洋側にもあるというのは、黒潮文化と青潮文化とのつながりをみる上でも興味深いことですね。

そういえば、房総半島の大寺山《おおてらやま》洞穴などいくつもの遺跡を、千葉大の考古学研究室が長年調査をしていましたが、船のかたちをした木の棺があって、舳先を海のほうに向けて葬られていたりします。その向きが、死者を船で海の向こうへ運ぶことを意味したと考えれば、死者がどこに向かうのかというのは明らかです。

赤坂　天鳥船神話もそうしたことを示していますね。そして樹種の話につなげてみますと、船材には決まって楠が出てきます。

三浦　船材は楠と杉の二種類で、これは神話で決められています。スサノヲが息子のイタケル（五十猛神）と地上に降りてきますが、新羅経由という伝えもありますが、そのときに船をつくる木は楠と杉であり、棺に使うのは槇、家を建てるのは檜と決めたとあります。樹種によって使い道が定められていて、それが長きに渡って守られている。

赤坂　楠は成長が早いですから、丸木舟を作りやすかったのでしょうね。

構造論からフォークロアへ

赤坂　わたしは今回の対談のなかでは、民俗学の視点から出雲をさまざまに捉え返したいと思っているのですが、それにしてもこうした視点をもつ研究が少ないことには驚かされます。ですから、研究の方法論的な問題点についても指摘しておきたいと思います。

わたしがいま関心をもっているのは、民俗学的な知見と風土記の読み解きとを重ね合わせにすることです。その重ね合わせから見えてくることは多いと思うのですが、残念なことに、そうした方法はもはや古いものとされてしまっています。風土記や古事記、あるいは万葉集を民俗学的に研究するといった手法は、完全に時代遅れのものとされ、捨てられてしまいました。最近になって、そのことがとても気になっているのです。古事記、風土記、万葉集に埋もれているフォークロアをもっと丹念に掘り起こしていくことには、大きな可能性が秘められているはずです。

三浦　そうした方法が試みられない原因は二つあるように思います。まず文学の領域においては、以前から国文学にも西欧的なテクスト論が導入され、文字－テクストを分析することが主流になりました。その結果、すべての文献が物語／固有のテクストとして読まれるようになったわけです。また、文化人類学的な領域においては、対象をモデル化し構造論的な解読をすることが主流になりました。この両者は影響しあい、結果として文献に書かれたことが事実かどうか、あるいはある行為が習俗においてどのような意味を持つかといったことは、ほとんど無視されるようになったのです。そうした要素を取り除かなければ構造分析ができませんからね。しかし、それは果たして万能の方法論だったのでしょうか。わたしは逆に、マイナスの面も大きかったのではないかと思うのです。

もちろんこうした方法論によって、ヤマトを中心に置き、太陽が上がる東の伊勢と太陽が沈む西の出雲を対照化して世界を構造化することが可能になりました。それは非常に明快な解釈ですし、古事記をクリアに理解することもできるようになった。しかしそれですべてがわかったとされてしまうと、世界はとても簡単で単一なもの、硬直したものになってしまいます。

赤坂　それは、たとえば伊勢神宮をどのように位置づけるかという問題にも関係しますね。天皇家の氏神のような役割を背負わされてからの伊勢は、構造論的な分析にもなじむように見えるかもしれません。しかし、すでに触れてきましたが、その伊勢神宮の遷宮のときに立てられる心御柱《しんのみはしら》からは、どこか南方系文化の匂いがする。構造論にとっては考慮したくない雑音として排除される要素ですが、伊勢は一枚のテクストではなく、重層的に異質な文化が折り重ねられた幾枚ものテクストの綴《ファイル》じなのだと考えた方がいい。

三浦　さらに問題があります。これは以前に赤坂さんも批判されていましたが、構造論的な世界像は、一つの中心とそれ以外の周縁という関係を固定化し、そのなかにあらゆるものを位置づけてしまう。出雲のことを考える上で、この問題を考えないわけにはいきません。ヤマトを中心とした構造論的世界観のなかでは、出雲はいつまでも辺境であり、中央であるヤマトとの関係は永遠に覆せないからです。

では、そうした構造論的解釈をどのように乗り越えていけばよいでしょうか。わたしは古事記や風土記といった文献を、出雲の側からもう一度を読み直していくことに可能性を見出しています。またその視点によって、日本列島はどう読み変えていけるのかという問いを常に念頭に置いて考えていきたいと思っています。

赤坂　三浦さんは古事記と日本書紀を「記紀神話」としてひとつにまとめることの限界を重ねて指摘されていますね。これもいくらか触れてきましたが、日本書紀は天皇家を中心としたヤマト王権の正統性を歴史的に跡付けることを目的としていますから、出雲神話はほとんど取りあげられない。それに対して古事記では、上巻のかなりの分量を出雲系の神話に割いている。つまり古事記は、敗者に対する鎮魂の語りをテーマとして背負っている、ということです。こうした視点は非常に重要だと思います。

「記紀神話」という括りそのものが政治的な意味合いをもつという指摘は、以前から多くの研究者がくりかえしてきました。しかし、その政治性は、両者が天皇家の支配の正統性を明らかにするための補完しあう歴史書であるといったあたりに収斂されてきました。しかし、そんな単純な話であるはずがない。

また、中心と周縁という構図にしても、歴史のなかでダイナミックに動いていたはずであり、超歴史的にスタティックに見いだされるわけではありません。天皇制をめぐる中心と周縁といったテーマは、つねに歴史のなかに投げ返されるべきだと思いますね。テクストとしての古事記が編纂されたときには、ヤマトを中心とした天皇をいただく古代国家が成立していた、あるいは成立しつつあったことでしょう。しかし、その以前にはいくつもの中心が遍在している時代があったはずです。神話的には国譲り以前の出雲世界はどのような姿をしていたのか。そういったダイナミズムを捨象したという意味合いでは、構造分析は非常にマイナスの作用を及ぼしたと思います。たとえば山口昌男さんによる研究は、中世の天皇制を取り上げるにしても、古事記と日本書紀を取り上げるにしても、見いだされたひとつの構造モデルを反覆していますね。しかしながら、テクストはもう少し繊細に畏れをいだきながら読まれなければならないはずです。

ところが、こうした批判をおこなうと、そんなことは当たり前の指摘であるという反応が往々にして返ってきます。しかし実際には、多くの研究者がその当然のことをできていないのです。三浦さんの古事記研究が学会でどのように評価されているかは存じませんが、相当の抵抗をもって受け止められているのではないでしょうか。

三浦　しかし、いま評価をいただいたわたしの問題意識にしても、出発点は赤坂さんが提示された「いくつもの日本」というスローガンにあるのですよ。

赤坂　わたしが「いくつもの日本」ということを提示したときには、ほとんどの研究者から日本文化の多様性など当たり前のことだという反論がなされました。

三浦　そうでしたね。しかしそれを実践できた学者は多くない。

赤坂　三浦さん、原田信男さん、亡くなられた中村生雄さん、わたしの四人が編集委員としてかかわり、岩波書店から刊行した『シリーズ　いくつもの日本』（全七巻）が象徴的でしたね。そこに登場してもらった書き手たちの多くは、それを口にしたか否かは別にして、「日本文化の多様性など当たり前で、いまさら言ったところで意味があるのか」という反応をされましたが、実際に寄せられた論文は、ほとんどが「ひとつの日本」を無意識の前提にして書かれていました。われわれはいまだ、「いくつもの日本」を方法的に叙述するための知的な鍛錬を不十分にしかおこなっていないのですね。もちろん、これは自戒を込めて、なにより自身に向けていっています。

三浦　わたしたちも東京に住んでいて、中心を謳歌しているのですから、そういった視点に囚われることはやむを得ないのかもしれません。知らず知らずのうちに、中心からの思考へと組みこまれてしまうのです。

赤坂　その通りですね。だから、わたしは東京と東北との往還のなかで、みずからのまなざしを相対化する訓練だけはつねに怠らずにきたつもりです。それでも「ひとつの日本」の呪縛はなかなかほどけませんね。ですから、出雲世界について考えるときにも、その文化が重層的であることに留意しなければならないと思うのです。古層の埋もれた出雲文化の上に、天皇を中心とするヤマト王権の周縁部として位置づけられてからの歴史や文字の記録が重ねられている。出雲は「ボカシの地帯」だということです。そうした「ボカシの地帯」に立ったときには、どちらのベクトルに加担するかによって、まったく違う像を描きだすことができるのです。それはまさに、わたしが「北のボカシの地帯」である東北で歩きながら学んできたことです。

三浦　わたしの場合で言えば、出雲と南方的世界との関係性をかねてから強調してきました。それは「稲羽の白兎」神話にせよ「根の国」神話にせよ、その記述には南へと繋がっていく要素が多く含まれるからです。しかし一方では、出雲に地理的にもっとも近いのは朝鮮半島ですから、そうした北方的世界と繋がっていないわけはありません。そのことをどう考えるかという問題も常に抱えてきました。

赤坂　出雲国風土記冒頭の「国引きの神話」が、その近さを明示していますね。

三浦　その通りです。また資料的に辿るならば、弥生時代に朝鮮半島から鉄器が入ってきたのは北九州だけと考えられがちですが、じつは鳥取をはじめとする日本海沿岸の各地にも大きな弥生遺跡があり、鉄器が大量に出土しています。そうした直接的な繋がりも捉え返さなければ、古代文化の実像は捉えられません。

赤坂　わたしは出雲の縄文・弥生文化についてはまだ、きちんと勉強していません。ですから、いまは三浦さんのお仕事を起点として学ばせてもらっています。やはり、青潮文化論を鍛えていくことで、あらたな日本海文化論を手探りに求めていくことになるかもしれません。それが東北学の第二ステージの大切なテーマのひとつになるかと思います。出雲、若狭、能登あたりは気になりますね。古代国家によってヤマトの版図に摂り込まれる以前には、出雲は北方世界の中心であったのでしょうか。そのはるかな以前、たとえば縄文時代には、小さな中心が並び立ちながら、信州や津軽あたりにネットワークの結節点になる都市的な場が点在していたのかもしれません。いまはまだ、たんなる妄想のひと齣にすぎませんが、あえて語り留めておきます。

古代への想像力

赤坂　東北と出雲とのつながりをお話ししてきたなかで思い出したのは、松本清張の『砂の器』のことです。彼もまた、東北と出雲のつながりを言葉の点から指摘した人物でしたね。そうした文学者の想像力も重要ではないでしょうか。

三浦　清張が指摘した通り、東北と出雲の方言はよく似た感じがします。加えて言えば、昔話のなかにも共通する性格がある。たとえば「瓜子姫」の昔話は、東北型と西日本型とではまったく異なります。東北型では瓜子姫はあまのじゃく（山姥）にすぐに殺されて鳥になってしまいますが、西日本型では木に縛られた後で助けられ、最後は幸せな結婚をする。その東北型と似た話が中国地方には存在します。この共通項には非常に興味をそそられます。言葉や神話の分布から、日本列島における古層の日本語が見えてくるのではないか。清張の問題意識をわたしたちは引き継いでいくべきですね。

清張の話題が出たところで、やはりもう一人文学者に触れなければならないと思います。言うまでもなくそれはラフカディオ・ハーンのことです。じつはハーンが出雲に滞在していたのはわずか一年ほどの短い期間ですが、その間に大変な量の調査をして、文章に残していますね。たとえば彼は漁船を雇って潜戸《くけど》にも行っていますが、その文章が非常に面白いんですよ。ハーンは老夫婦が操る小さな漁船で潜戸へ向かうのですが、船尾ではお爺さんが櫓を漕ぎ、船首ではお婆さんが大きな石で船べりをバンバンと叩いている。ハーンはその様子を見事に描いています。そのハーンの体験を読むと、出雲国風土記に書かれた潜戸へこっそり近づいたら神が怒るという神話にそのまま従っていることがわかります。海の民は一〇〇〇年以上も同じように神を畏れ敬って暮らしています。

赤坂　なるほど（笑）。たしかに出雲を訪ねると、神話がいまに生きていることが大げさではなく伝わってきますね。当たり前のものとして、神話が日常のなかに溶け込んでいることを感じます。

三浦　土地の人が自らの村の神社をお参りする姿が、生活と密着している。

赤坂　まさにそのことを岡本太郎も強調していました。太郎も「生活」という言葉を好んで使いましたが、幼いころ、夏休みに滞在したムラを一九五〇年代の終わりに再訪したときの印象を記して、

「まさに中世そのもの村であり、土地の人は何百年も同じ生活をしている。神話時代もおそらくこれに似たようなものだったのだろう」と書いています。こういった表現を読むと、まさかいまではそんな古風は残っていないだろうと多くの方が思われるのではないでしょうか。ところが、いまでもそれが残っていたりする。やはり不思議な土地です。

三浦 ハーンの文章を読んで驚くのは、出雲国風土記から一〇〇〇年以上経っても、同じことをお婆さんがやっているという時間の繋がりです。そうやって過去と密接に結びついた生活が、ふつうの人々の暮らしとして存在したのだろうと思わされます。

赤坂 ハーンのエッセイに出てくる老夫婦は、海洋民の末裔なのでしょうね。

三浦 しかも、夫婦ともども船に乗っている。赤坂さんが指摘された通り、女は船に乗せないという文化ではないのです。

じつはわたし自身も、ハーンに似た体験をしたことがあります。それは出雲ではなく、『文藝春秋』で『古事記を旅する』の連載をしていたときに取材をした、淡路島の南にある沼島《ぬしま》での体験です。古事記ではオノゴロ島と呼ばれていますね。そこにわたしたちが向かったとき、ちょうど嵐が近付いていました。チャーターした漁船にカメラマンと一緒に乗ったら、船長のお爺さんの隣にはなぜかお婆さんが乗っていて、お爺さんに向かって威張って色々指示している。しかもそのお婆さんの化粧がどうもケバくてね（笑）、カメラマンと二人で「彼女は何者だ？」と吃驚してたんだけど。

赤坂 お婆さんはどこでも威張ってますよ（笑）。好きですね。

三浦 そうかもしれない。ともかく、嵐のなか老夫婦で操る船で、沼島へ渡ったことをよく覚えています。そういえば、海女の漁撈を見ていても、大体は夫婦でペアになっていますよね。で潜っている海女さんの上には、必ず夫が船に乗っている。

赤坂　そうですね。命綱を預けていますからね。漁のパートナーでもあり、夫は妻を非常に大事にしますね。

出雲は何を問いかけるか

三浦　いろいろな話題を横断してお話ししてきましたが、そろそろ結論に移りましょうか。最後に、いま、なぜ出雲を考える必要があるのかをお話ししたいと思います。

わたしの場合はもちろん、専門である古事記に出雲神話が大きな比重で登場することの謎を明らかにするという課題がまずあります。ただ、そうした研究上の理由に加えて、こういったことも考えています。

先にふれた「カムムスヒ考」という論文の冒頭でも書いたのですが、考古学者の森浩一さんが二〇一三年お亡くなりになりました。彼は最後の著書となった『敗者の古代史』（中経出版）で、古事記や日本書紀に描かれる、敗れた者たちの歴史を描きましたが、その理由として「正史のうえではいつも敗者は損をする。ぼくはできるだけ敗者の損を見つけて、勝者のおごりに気づきたい」（二六一頁）と書いています。

わたしも森さんと同じような使命感を感じています。元を辿れば、わたしのような世代の人間が大学紛争の只中で古事記の研究を始めたのは、そもそも時代錯誤でした。しかしそうした経験は、わたしに「国家とは何か」という課題を与えたと感じています。そういった課題を抱えていたわたしにとって、出雲世界を捉え直すことは、まさに天皇制や国家を読み変えることに繋がっていました。出雲を起点として日本列島を読み変えることはできないだろうか。それが古代を研究しているわたしにとって、出雲を考えることの意味なのだと思い続けているのです。

赤坂　三浦さんに対抗するわけではないですが、わたしもまた性懲りもなく敗者の精神史に執着してきました。東北の歴史や文化に向かいあうときには、「ボカシの地帯」という考え方がもっとも方法的に馴染むんですね。そこでは、北につながる縄文系の狩猟採集文化の古層の上に、弥生系の稲作農耕を持ったヤマトの文化が重なっています。たとえば平泉なども、そこに立って北を向くか西や南を向くかで、眼の前にあるものの解釈がガラッと変わってしまう。それが「ボカシの地帯」が秘める方法的な意味だと考えています。

それを踏まえて今日のお話を捉え直してみると、くりかえしになりますが、出雲もまた「ボカシの地帯」といえるのではないでしょうか。そのボカシの地帯である出雲が、おそらく南方につながる文化を古層に沈めながら、同時に、東北という「ボカシの地帯」へとつながっている。東北から見れば、出雲は縄文的な世界の南限にあたる周縁の地域のようにも感じられます。そんな捩れたイメージを抱いています。さらにそこへ青潮文化論を重ねあわせることによって、中心と周縁といった構図そのものを根底から壊すことができるかもしれない。海からのまなざしはいつだって、中心と周縁のシンボリズムによる呪縛から軽やかに身をかわし、逃れようとしている。そこから、あらためて「いくつもの日本」を捉え返すことが可能になるにちがいない。そうした特権的な場所として、出雲世界を語り直すことができれば愉しいな、と思いますね。

冒頭から何度もひいていますが、岡本太郎という人はそのあたりにもきわめて敏感でした。『日本再発見』では出雲世界がとりわけ鮮やかに描かれましたが、それ以降、太郎はさらに東北や沖縄への関心を深めていったのです。太郎にとって、出雲や東北や沖縄はまさしく特権的な場所だったのです。それは三浦さんがおっしゃったように、敗者の側から日本史を読み直す試みであり、中心と周縁という構図に揺さぶりをかけながら、もうひとつの日本文化像を再創造していく試みでもありました。太郎はまさに、「ボカシの地帯」が持っているトポスとしての方法的な特権性を見いだした思想の人だったのです。

わたしは震災の後に、津波に洗われた海辺をひたすら歩きながら、「潟化する世界」にくりかえし遭遇しました。泥の海がどこまでも広がっていました。水田や住宅街がそのままに、かつての潟や浦に回帰していたのです。そこから汲み上げてきた問いのいくつかを、ここではお話しすることができたような気がします。出雲についても、これからは潟を通してアプローチしてみたいと考えています。じつは、準備だけしてまだ書き始めていない風土記論があるのですが、そこにいたるプロセスも少しだけ見えたように思います。

三浦 楽しみです。

第2章　「遠野物語」と伝承世界

生きられた伝承世界へ

赤坂　『遠野物語』はいろいろな読み方ができると思います。『遠野物語』には柳田国男が佐々木喜善から聞き書きした段階から、校正して出版するまでの稿本が残っています。一九九六年五月に、池上隆祐さんという方が柳田から託されてお持ちだったものを遠野市立博物館に寄贈されました。何人かの研究者がその稿本を見て研究なさっていますが、いずれその初稿本三部作といわれているものが公開され閲覧できるようになれば、『遠野物語』というテクストの性格や意味づけがかなり変わるだろうと思います。

どういうふうに変わるかといいますと、これまで『遠野物語』は遠野の伝承世界を知るためのテクストとして読まれてきたと思いますが、柳田の文学作品としての色合いがかなり強いことが明らかになっていくだろうと考えています。少なくとも、活字として明治四三年に出版された『遠野物語』をもとにして、遠野の、あるいは東北の生きられた伝承世界をそのままに掘り起こすことはむずかしいでしょう。むしろ、『遠野物語』を遠野の生きられた伝承の世界へ投げ返してやることが、これからの大きな課題としてせり上がってくるだろうと思うのです。

たとえば、「オシラサマ」という遠野の代表的な民話といわれているものがあるのですが、それがどういう出自をもち、どういう発生的な経路や展開を経て民話として流通するようになったかを考えてみると、『遠野物語』がもっているテクストとしての不思議さ、奇妙さが少し見えてくると思います。

「オシラサマ」の話が非常にいい映像作品になっていて、遠野市立博物館で見ることができます。ここで引用するのは、鈴木サツさんという、遠野では昔話の語り部として著名な方の語られた昔話としての「オシラサマ」です。


むかす、あったずもな。

あるとことに、父《とど》と母《がが》と、とっても美すーう娘とあったずもな。そこの家《え》に、またなんともいわれぬ立派な男の馬っこあったったずもな。

その童子《わらす》ア、年《とす》ごろになってば、ますます美すくなったったずが、いっつも馬屋《まや》の木戸さ行って、こうしておっかかって、馬と話《はなす》したり笑ったりばりしてらつもな。父ァそれ見て、

「あの童子ァ、なにしてまっつ、馬と話したり笑ったりばりすてるべ」

と思って、あるとき、その童子から聞いてみたずもな。

「これこれぇ、この童子。お前《めえ》、なんじょなどこで、馬と話したり笑ったりばりしてる」

って言《し》ったずもな。

そすてば、その童子ァ、

「そだって、おら、馬と夫婦になるもの」

って言ったずもな。

そうすっと、その父ァごしぇやいて〈怒って〉、

「人《しと》馬鹿にわがれた。人間と畜生《ちきしょう》と夫婦になるなつ馬鹿なことあるもんでね」

って。そして童子さ、

「お前《め》もお前だが、馬も馬だ」

づしま、馬屋の中さ入《へぇ》って馬引《し》っぱりだしたずもな。そして裏に、大ーきな畑あって、そこに大ーきな桑の木あったったずす、その桑の木さ、その馬、ずる、ずると引っぱりあげたずもな。そうして家の中さ走《はし》ぇごまって入《へぇ》って、切《く》しぇる鉈だの鎌もってって、その馬の皮、剥ぎはじめたずもな。

さあー、その童子ァそれ見て、

「父、むぞやな〈かわいそうだよ〉、やめてけろ」

って、「おい、おい」って泣《ね》えたずども、父ァはなにァ、なにもかにもごしぇやけてらから、なんにも聞きねかったずもな。そして、馬の皮半分ばり剥《へぇ》んでば、馬ハ、死《す》んですまったずす、いますこしで剥げあげっとき、その馬の皮、ふわあんと飛んできて、そこに泣えてら童子すぽっと包《つつ》んで天さあがってしまったずもな。

さあー、母それ見て、「おいおい、おいおい」って泣く、父も、

「さあ、すくったことすた〈しまったことをした〉」

と思ったずもな。馬ば目に合《あ》せべと思ったども、娘までこんたになるべと夢にもおもわなかったど思って、父と母と毎日毎晩、三日も四日も泣きあかしたずもな。

そしてばある晩げ、娘夢枕に立って、父と母さ同《おんな》じ夢見せたずもな。

「父も母もようく聞ぃてけろ」って言ったずもな。

「おれの親不孝、なんじょにか許してけろ」って言ったずもな。

「おれァ、悪《わ》りーい星のもとさ生まれたために、親孝行もしねで天さ来てすまったから、なんじょにか許してけろ」って言ったずもな。

「そのかわり、来年《れんねん》の三月の一四日の朝間《あさま》、土間《にわ》の臼の中見てけろ」って言ったずもな。

「そしぇば、そごの臼の中に、馬の頭《かしゃ》こみでなぺっこな〈小さな〉虫いっぺいいっから、その虫さ、馬つるして殺した桑の木の葉っぱ取ってきて、食《か》せてけろ」って言ったずもな。

「それ、蚕《とど》っこづ虫で、三〇日も養《あずけ》ばこんたにおっきくなって、繭《めえ》っこになってっから、繭っこになったら糸取って」って、糸のとりかた教ぇたずもな。そして、

「糸取ったら、機織って」

って、機の織りかたも教ぇたずもな。

「そうして、その織物売って、父と母暮らすたててけろ」

つ夢、見たずもな。

次《つ》の朝間、母早あく起きて、

「夕べな、まつ、おれこんたな夢見たや」

ってば、父も、

「おれも同じ夢みたや」

って。そして、二人して三月の一四日待ったずもな。

待って、待って、待っていれば、三月の一四日来たったずもな。朝間早あく起きて、なにとりおき、土間の臼の中見てば、ほんとに馬の頭こみでなぺっこな虫ァ、ぐぢゃぐちゃといっぺいいだっど。それさ、娘に教ぇられてらから、馬つるして殺した桑の木の葉っぱ取ってきて、食せたずもな。

そうしてば、ほんとに三〇日養ってば、こんたにおっきくなって繭っこになったったずもな。繭っこになったから母糸とって、機織って、その織物売って、父と母が暮らしをたてたんだと。そこで、父と母が馬つるすて殺した桑の木で、娘の面《つら》っこと馬の頭《かしや》をこしぇてまつったのが「おしらさま」なんだと。

「おしらさま」つものァ、養蚕の神さまでもあれば、目の神さまでもあれば、女《おなご》の病気の神さまでもあれば、また、「おしらさま」のある家さ、良《え》えことあればある、悪《わる》ことあればあるってお知らせする、お知らせの神さまでもあるんだとさ。どんどはれ。（『鈴木サツ全昔話集』福音館書店）

これが遠野の代表的な語り手である鈴木サツさんによるオシラサマの昔話です。これは基本的には、あるいは結果的には『遠野物語』をもとに語られています。たとえば、第六九話の「昨年の旧暦正月一五日に、此老女の語りしには、昔ある処に貧しき百姓あり」というところから、六、七行がオシラサマの由来譚になっています。話はかなりふくらませてありますし、母親がいることなど異同はいくつもありますが、鈴木サツさんの「オシラサマ」はおおむねそれに沿うかたちで語られています。父と娘の馬をはさんだ愛憎や葛藤が主題化されています。また『遠野物語拾遺』の第七八話を見ていただくとわかりますが、オシラサマは養蚕の神様としてだけでなく、眼の神、女の病を祈る神、子供の神として祀られていました。あるいは、第八三話では狩りの神として、第八四話では「御知らせ様」としても語られています。

つまり、鈴木サツさんはおそらく、テクストとしての『遠野物語』／『遠野物語拾遺』をもとに語りの骨格を作られていると考えられます。鈴木さん自身は「『遠野物語』なんて読んだこともない」とおっしゃっていたようですが、直接的か間接的かはわかりませんけれども、知識としての『遠野物語』の影響を否定することはできません。遠野の語りの世界と『遠野物語』の関係は、とても屈折していて一筋縄ではいきません。それはいずれであれ、近代の語りであり、文字の浸透をまったく免れることなど不可能な語りなのです。それはまた、昔話としての「オシラサマ」に対して、その源流としてのオシラ神祭文が発生する現場においても確認されることです。

常民の語りの世界が『遠野物語』というテクストに移し変えられ、それが柳田国男という、のちに大きな名前となった人物の著作として流通することによって、思いがけないほどの呪的な力をもって遠野の伝承世界に跳ね返り、それを支配している。さらに言ってみれば、文字が語りを大きくゆがめているということかも知れません。

たとえば『遠野物語拾遺』第七七話を見ていただくと、オシラ神の由来譚も土地によって少しずつ差異があることがわかります。附馬牛村というのは遠野の町場からは北のはずれにあたる村ですが、そこでは「天竺のある長者」の娘が馬に嫁いだことを父が憎んで、馬を殺して松の木の枝にかけるとなっています。それに対して、遠野の町場では、「昔ある田舎に父と娘とがあって」ということで、娘は殺された馬の皮で小舟を張り、桑の木の櫂を操って海に出てしまったという、かなり違った話になっているわけです。さらに、佐々木喜善の出身地である土淵村山口というのは、東京二三区くらいの広さがある遠野の、海岸のほうの町に行くとき通る街道沿いにあるのですけれども、ここでもまた別のかたちの伝承が語られています。

あらためて、このオシラサマの由来譚とはいったい何か。わたしは「オシラサマ」を民話とか昔話として捉えることには限界があると考えています。『遠野物語』に収められた話はたくさんありますが、それを遠野の生きられた伝承世界に投げ返してやらなければ、その語りの生き生きした姿は浮かび上がらないと考えているからです。なぜ、こうしたことを言うのかといいますと、「オシラサマ」の話というのは、佐々木喜善が語ったものを柳田国男が『遠野物語』というテクストのなかに定着させる以前には、正月の一五日か一六日にオシラサマを遊ばせるオシラ神祭りの場でしか語られることがなかったものなのです。おばあちゃんが囲炉裏端で孫たちに語る民話や昔話ではありません。それが『遠野物語』を仲立ちとして、いつしか民話や昔話ということになっていく。わたしはオシラサマの原像といいますか、遠野で生きられていたオシラサマの信仰なり語りなりがどういうものなのかを、いくらかでも掘り起こしておく必要を感じているのです。

『遠野物語拾遺』の第七九話を見ていただくと、遠野でおこなわれていた明治末年のオシラ神祭りの姿が簡潔に、それでもかなり克明に描かれています。「遠野地方のオシラ神祭は、主として正月一六日をもって行なわれる」とあります。さらに「この神に限って祭ることを遊ばすといってい る」といい、「山口の大同家などでは、この日方々からこの家のオシラサマの取子だちが、大きな鏡餅を背負って寄り集まって来る」とあります。ここに出てくる「大同」という家は、山口ではもっとも古いといわれている旧家です。

遠野には大同という旧家があるのですが、いずれもその集落の一番古い旧家ということになっています。その旧家にオシラサマが祀られている。子供が生まれるとオシラサマにその子の仮の親になってもらい、無病息災、無事に育つように祈る信仰があった。大同家の主婦か祖母がイタコ的な役割をはたすのですが、その大同家の主婦や祖母と周辺の女性たちが取子という、ある意味では血縁を含んでそれを超えた擬制的な家族関係をつくります。要するに、オシラサマの祭祀集団のようなものを作っていたわけです。そして、年に一度だけオシラサマの祭りをおこなってきた。すなわち、正月一六日の早朝に「奥の薄暗い仏壇の中から、煤けたまっ黒な古い箱が持ち出され、一年にただ一度の日の明かりを見る神様が、この家の巫女婆様《いたこばあさま》の手によって取り出される」のです。この第七九話に出てくる婆様は面白い婆様だったらしい。『遠野物語』第六九話には「魔法に長じたり」と出てきますし、第七一話によれば、遠野では隠し念仏がかなり深く信仰されていたらしいのですが、このヒデといわれるお婆さんは、その秘密のヴェールに包まれた隠し念仏に深くかかわっていたことがわかります。

『遠野物語拾遺』の第七九話にもとどりますが、このヒデ婆さんの手によってオシラサマが取り出され祭りがおこなわれるわけです。祭りに関わる取子はすべて娘たち、女たちですから、これは女性の祭りでした。オシラサマは箱から取り出されると、「新しい花染めの赤い布をきせられ、また年に一度の白粉《おしろい》を頭に塗られて、そのオシラサマが壇の上に飾られる」ことになります。

取子たちの持ち寄った鏡餅は、のちに小豆餅に作られて供えられ、さらに共食されました。この小豆餅というのが気になるのですが、さきほどオシラサマに赤い布を着せると出てきましたけれども、小豆を混ぜることで餅は赤くなりますよね。この赤ですが、遠野の物語世界ではかなり重要な色、聖なる色として出てくることを『遠野物語』を読みながら確認してきました。オシラサマは小豆を好まれる。それから、このイタコのお婆さんがおもむろにオシラサマの御神体を手に取ってオシラ遊びをおこないます。それには、「昔から言伝えのオシラ遊びの唱えごとがあった」と見えます。まず「神様の由来」を述べてから、「短い方の章句」を知っている娘たちが合唱したらしい。それは「ミヨンコ・ミヨンコ・ミヨンコの神は、トダリも無い。七代めくらにならばなれ」といったものでした。

『遠野物語』第六九話に収められたオシラサマの話は、おそらく前年の旧暦正月一五日の見聞にもとづいています。明治四二年の正月だと思うのですが、たまたま喜善がこの女たちの祭りの場に立ち会うことを許されて、そこで聞いた話を書き留めたものです。昔から言い伝えられてきたオシラ遊びの唱え言は、年に一度のオシラサマの祭り、そのハレの日にのみ語られる話だったと想像されます。なぜ、こうしたことにこだわるのか。少なくとも明治四三年以前には、オシラサマは民話の世界の主人公ではなかったと思われるからです。『遠野物語』によって文字テクストとして流布することによって、オシラサマがいつの間にか女たちの祭りのハレの日の語り、一年に一度だけ許された語りであったことが忘れられて、ケの世界に引きずり下ろされ、民話になり、昔話になっていったのです。これはたいへん重要なことです。

このオシラサマの話は、馬と娘の婚姻を通じて蚕の起源を語る、つまり養蚕の起源譚になってい て、そこからオシラサマは養蚕の神様であるという通説的な理解が広まったのですが、わたしはどうもこれは留保が必要ではないかと思っています。棒状のオシラサマを包んでいる布きれを取って御神体を調べてみますと、そこに年号が刻まれたものがある。一番古いもので一六世紀前半です。そこから中世の末にはいまのかたちでオシラサマが祀られていたことが確認できます。ところが、その一六世紀段階のオシラサマには人の頭が刻まれていて、馬と娘のカップルになっているオシラサマが出てくるのは、年号が確認できる限りでは一七世紀も後半、一六八〇年代とかなり遅れます。馬と娘のカップルとしてオシラサマの像が刻まれるのは、明らかにオシラ祭文と対あるいは組み合わせになってからだと考えられるわけです。

オシラサマが馬と娘の対になる、そうしてオシラ祭文がイタコによって語られ、しだいにオシラサマが養蚕の神であるとの信仰が固まってゆく。こうしたオシラサマをめぐる民間信仰が一般的になるのは、どう考えても一七世紀の後半以前にさかのぼることができないのではないか。少なくとも修験道との関わりが生まれ、盲目の巫女であるイタコがオシラ神祭文を語り、オシラサマが馬と娘の婚姻譚、さらに養蚕の神といったものと繋がる以前のオシラサマ信仰というものをきちんと掘り起こして、そこから現在のオシラサマの語りとかオシラサマの世界を照らし出す作業をしないかぎり、オシラサマは単なる民話や昔話として存在することになり、その修験道と交叉する以前の原像が見失われてしまう。

長々と話してしまいました。三浦さんにはぜひ、精緻な説話分析をお話しいただきたいと思います。

三浦　わたしは民俗学が専門ではありませんし、『遠野物語』あるいは柳田国男の研究者でもない。もともと神話を読んでおり、そういうなかで『遠野物語』という作品に出会ったわけです。なぜ『遠野物語』に興味をもったかといえば、古代文学研究のもつある種の限界を超えたいと思ったからです。赤坂さんの話にもありましたが、『遠野物語』という作品は佐々木喜善という人物が語り、それを柳田国男が、序文に「感じたるままを書きたり」とあるように、感じたままを書いた文学作品といえるものです。この『遠野物語』ができあがるプロセスは古事記ができあがってくるプロセスと非常に近いのではないかと感じました。古代の神話や説話を読んでいる者にとって、残されているのは古事記・日本書紀・風土記などの限られた文献しかありません。どうやって神話や説話を古代の総体として捉え返していくかというようなことを考えると、昔話や伝説といったものが民間でどのような話として伝えられていたのかという点に目が向いていくわけです。

『遠野物語』の魅力は、まずひとつのまとまりをもっているということがあると思います。しかしまとまりをもっていながら整理されきっていないところが面白い。整理され切っていないというのはどういうことか。『遠野物語』という作品自体は非常に流れがうまくできていると思います。柳田国男という偉大な民俗学者が成立したのちの資料になると、昔話とはこういうものである、伝説とはこういうものであるというように民間文芸あるいは口承文芸とよばれるものがジャンル化され、きちんとした枠組みがあたえられてしまう。そうしますと、柳田のもとにはたくさんの採集者や研究者がいましたが、彼らは柳田国男の昔話論や昔話の概念をもとに、昔話を採集しようとしはじめる。その裏側で柳田の「これは昔話だ」という認定がえられないたくさんの資料が捨てられていっただろうと思われます。ですので、そうした昔話の概念ができあがった以降の昔話集はとてもきれいにできている。しかし、なんだかお伽話のようなものばかりが残っているともいえます。

柳田は伝説についてどう考えていたのか。伝説はお話ではなくモノだという認識がまずあります。伝説、たとえばこの土地にはこういう言い伝えがあって、この木にはこういういわれがあるという話を採集者はあまり拾い上げない。かりに拾い上げたとしても、それを文字化して資料集をつくるといったことを丹念にすることはあまりない。そうするととてものどかな昔話がたくさん集まってきて、楽しく豊かなそして優しい人たちの世界が、わたしたちのなかにイメージされる。

それに対して『遠野物語』はまだそういう学問としての民俗学とか、学問としての口承文芸といったものがまったく定義づけられていない時代にできあがっている。つまりジャンル化されていないさまざまなものが寄せ集められているといえる。柳田の手、文学的な手が入っているにしろ、『遠野物語』に集められている話は、遠野という世界の明治四〇年代初めのひとりの語り手である佐々木喜善が彼のなかにためこんでいたいろいろなレベルの話を差別することなく、すべてを等価なものとして語っていたと考えられる。単純に考えればこのようなことが言えると思います。赤坂さんがお話しされたオシラサマの話で言うと、確かにオシラ神祭りとよばれる一年に一度のハレの日に語られるものだったと思います。リズムやメロディをもちながら歌うように語るように、オシラ神を両手にもって遊ばせる非常に神聖な儀礼とともに伝えられている。柳田風にいえば、生きた神話といえるかもしれません。もちろん、とはいえ、現在に残っている姿が旧来のままというわけではありませんが……。

オシラサマの話のような伝承がある一方で、噂話や三流週刊誌のゴシップ記事のような話が『遠野物語』には充満している。こうしたごたまぜが『遠野物語』の魅力であり、こうしたごたまぜの感じからわたしたちは村落という空間を生に近いかたちでイメージできるともいえるでしょう。赤坂さんはオシラサマというハレの側につながる話をされたので、わたしはもう一方の魅力であるゴシップ風の記事から『遠野物語』にそうしたものがどのように現われ、そしてどのように描かれているかを考えてみたいと思います。

そこで『遠野物語』の第四三話をとりあげてみます。

一昨年の遠野新聞にもこの記事を載せたり。上郷村の熊といふ男、友人と共に雪の日に六角牛《ろっこうし》に狩りに行き谷深く入りしに、熊の足跡を見いでたれは、手分けしてその跡を覓《もと》め、自分は峰の方を行きしに、とある岩の陰より大なる熊こちらを見る。矢頃あまりに近かりしかは、銃をすてて熊に抱へ付き雪の上を転びて、谷へ下る。連れの男これを救はんと思へども力及ばず。やがて谷川に落ち入りて、人の熊下になり水に沈みたりしかば、その隙《ひま》に獣の熊を打ち取りぬ。水にも溺《おぼ》れず、爪の傷は数か所受けたれども命にさはることはなかりき。

これは熊と熊との格闘のお話です。このお話は、猟師の体験談としてはありふれたものです。秋田あるいは山形あたりのマタギの体験談なんかを読んでみましても、マタギが山のなかで熊に出会って組み打ちして、頭の皮をバリバリとはがされてしまったとか、背中をかまれて骨まで見えちゃったとか、それでもがんばって巴投げで滝壷に投げ込んじゃったとか、猟師の武勇譚というんでしょうか、そういう類の話はごろごろ転っている。このお話はその点でいえば、遠野の猟師さんたちにとっても、かなりありふれたお話だったと思います。

ところが、これがお話として『遠野物語』に収められるとき、体験談なら何でもお話になるか、あるいは噂になるかという問題があります。あるいは事件があった時、その事件がどうやってお語の世界のなかに入っていくのか。わたしは神話の構造分析とか表現の分析をやっているものですから、すぐこうしたことに興味がわきます。この話が『遠野物語』に収められたのは、人の熊が下になったり上になったりしなから動物の熊と格闘してごろごろ転って落っこった。そして人間の熊さんを撃たないように、友達の猟師が鉄砲で動物の熊さんをズドンと撃っちゃった。そういう連撃プレーの面白さもあるのですが、一番の大きな眼目は名前が同じだというところにあったと思います。それ以外にこの話を成り立たせる根拠はないといってもかまわない。第四三話のもとになる事件は確かにあったんでしょうが、ここに語られるのとはまったく違うものであってもかまわない。語られているような事件が実際にあったかどうかは、わたしはどうでもいいことだと思っています。

もう一つ、第四二話は母狼と一騎打ちした男の話です。飯豊《いいで》という村の男たちが、屋根を葺く材料である萱を刈りに山に入り、狼の子三匹を見つけ、うち二匹を殺して一匹を持ち帰ります。それ以来、飯豊衆《いいでし》の馬ばかりが狼に襲われるようになり、困った村人は狼狩りをすることにします。そして山に行くと、雄の狼は遠くにいますが、雌狼が村人に飛び掛かってきます。すると鉄という男が狼と一騎討ちになり、鉄はワッポロ（上っ張り）を巻いた腕を狼の口にねじ込んで殺してしまうのですが、雌狼も鉄の腕を鋭い牙でかみ砕いたために鉄も相討ちのかたちで死んでしまうというお話です。『村落伝承論』に詳しく論じましたが、この話のどこが面白いかといえば、男が狼の口に手を突っ込んだというところです。これは『ほらふき男爵の冒険』（岩波文庫）に出てくるのと同じようなパターンで、井上ひさしさんも『江戸紫絵巻源氏』（文春文庫）というとてもエロティックな小説のなかでこのパターンを使っています。腕を突っ込み、おなかを掻き回し、昔の「てなもんや三度笠」の藤田まこと風のせりふとともに狼は必ずやっつけられるというお決まりのパターンがあります。これは、ヨーロッパでもそうだし、日本もそうです。ところで第四二話の場合、腕を突っ込んだのが鉄という名前の男だというところが大事です。鉄という名前ですから腕は鉄だと連想できる。いわば鉄腕アトムですね。この鉄腕アトムが狼の口に手を突っ込むという面白さが話の肝です。しかも、狼はわが子を思ってその鉄腕さえバリバリと噛み砕いてしまう。母狼の慈悲深さといったものがこの話を成り立たせている。だから、実際に飯豊衆と狼とがどのような関係にあったのか、飯豊衆がどんなふうに狼をなぶり殺したのか、事件はほんとうに萱刈りの日にあったのか、そんなことにわたしは興味があったわけです。事実とお話との関係のあり方ということです。

第四三話に話を戻しましょう。この発端の部分には、「一昨年の遠野新聞にもこの記事を載せたり」とあります。わたしは以前、「遠野新聞」なんて本当にあったのだろうか、じつはなかったんじゃないかと思っていたんです。本当らしくするために、こういう書き方をしたんじゃないかと疑っていたんですが、現存していることがわかりました。「遠野新聞」は『台湾文化誌』という本を書いた遠野で有名な民族学者・伊能嘉矩がもっていたものを、江田明彦さん（伊能の研究者）が発見して平成元年に復刻しました。四ページ版の小さなタブロイド新聞ですが、そのなかに明治三九年一一月二〇日付の第一三号の記事が見つかりました。三面記事で、女房が逃げただの、浮気して旦那が殴り込んだだの、そういう類の記事に並んでこの熊との組み打ちの記事があります。読んでみますと、

熊と格闘　上郷村仙人峠は今は篠切りの季節にて山奥深く分け入りしに泡雪に熊の足跡あるを見出し同村細越佐藤末松を先頭に七八人の猟夫等沓掛山をまきしに子連れの大熊を狩出したれば狙ひ違はず二発まで見舞たれども斃るゝ気配のあらざれば畑屋の松次郎は面倒臭しと猟銃打ち捨て無手《むんず》と打組みしも手追ひの猛熊遽きらはず鋭爪《つめ》以て引掻きしも松次郎更にひるまず上になり下になり暫が間は格闘せしも松次郎が上になれば子が噛み付くより流石の松次郎も多勢に無勢一時は危く見えしも勇を皷して戦ひしに熊も及ばずと思ひけん松次郎を打ち捨てゝ逃げん

と一二間離れし処を他の猟夫の一発に斃れしも松次郎の負傷は目も当てられぬ有様にて腰より上は一寸の間《す》きもなく衣類《きもの》は恰もワカメの如く引き裂かれ面部《かほ》に噛み付かんと牙ムキ出せばコブシを口に突き込みし為め手の如きは見る影もなき有様にて今尚ほ治療中なりとは聞くも恐ろしき噺にて武勇傳にでも有り相な事也（『復刻　遠野新聞』江田明彦編、私家版）

というものです。じつは、永池健二さんという関西の柳田国男の研究者が遠野市の常民大学の連合会で講演なさった時に、すでにこの両者の関係について触れています（「実見談の世界」『柳田国男――物語作者の肖像』梟社）。わたしもこの二つの記事は関連があるのでは、と思っているわけですが、ただ「遠野新聞」のまさに事件としての記事が第四三話になったとすれば、あまりにも違いすぎる点が気になります。それで、「遠野新聞」と『遠野物語』の活字本、それとさきほど赤坂さんがお話になった、現在、遠野市立博物館にある「遠野物語」の初稿本の三つを対照させてみました。

そうすると、初稿本と活字本は非常に近い関係にあることがわかりました。たとえば初稿本では「去年の遠野新聞にも見えたる事実なり」とあるのに対して、活字本では「一昨年の遠野新聞にもこの記事を載せたり」となっています。一年ずれるのは、語った時と出版された時期が違うからだということを、すでに早い段階で、『遠野物語』の原本を全部確認した小田富英さんが詳しく比較して論文を発表しています（「柳田国男『遠野物語』初稿本」『寺子屋雑誌』第7号）。それ以外の部分は、この話に限っていえば初稿本と活字本との違いはほとんどありません。大きな違いといえば、「爪の傷は数か所受けたれども」という活字本の記事が、初稿本では「爪の傷あまた受けしが」とひどい怪我をしたようになっていることくらいです。

それに対して、「遠野新聞」では沓掛山と場所も違うし、細越の佐藤末松さんを先頭にした七、八人の狩人で、組み打ちしたのは畑屋、これは地名なんですけれども、畑屋の松次郎という男です。熊も、「遠野新聞」では子連れの大熊と語られている。それから、『遠野物語』では出会いがしらに抱きついたと語っているのに、「遠野新聞」では「面倒臭し」と組み打っちゃったと、えらく無鉄砲な猟師さんみたいな感じで記事ができ上がっている。上になり下になりの部分はちょっと似ていますが、それ以外の部分はほとんど内容的には合わない。

そういうことを考えますと、喜善は本当にこの明治三九年の「遠野新聞」の記事をもとに柳田に語ったのかというと、いささか疑わしくなります。以前、この話に関して読書会がおこなわれた時に、遠野のある研究者の方が「この時、じゃあ佐々木喜善は本当に遠野にいたのか」とおっしゃいました。わたしはそれまで気がつかなかったのですが、調べてみましたらこの明治三九年一一月二〇日前後、佐々木喜善は明らかに東京におり、遠野にはいませんでした。ですから、もしこの新聞記事を読んだとしても、明治四〇年の六月におじいさんが危篤だという電報をうけて遠野に帰郷した時でないと読めない。もちろん、田舎からお母さんやおばあさんが新聞を送ってくれていたとすれば、別なんですけれども。

それから、「遠野新聞」は明治三九年五月二〇日の創刊号から四〇年八月一〇日の第二八号までが残されているんですが、四〇年八月一〇日号でこの新聞が廃刊になったとは二八号のどこにも書いてないんです。普通、廃刊なら廃刊の挨拶くらい書くと思いますが、そういう記事がないところを見ると、それ以降も出されていた可能性があります。そのなかに、第四三話の元になるような熊との組み打ちの記事が載っていたということも考えられます。そういう点でいうと、この記事が第四三話の元になった事件だと断定するには問題が多すぎるのです。

こうしたことを踏まえて、『遠野物語』がどういうふうにでき上がったかという構造について少し考えてみたいと思います。とくに松次郎さんと熊との格闘に限定しなくても結構です。第一一話には息子の母殺しが載せられていますけれども、たとえばそうした何か大きな事件が起こったと考えてみます。熊と格闘した話の場合、事件は明治三九年一一月ごろ発生したと、いちおうは新聞記事からいえます。ところが事件というのはそのまま伝えられるわけではない。必ず噂として広がっていくわけです。その場合、新聞記事さえ事実をありのままに伝えているかどうかは怪しいと考えてみるべきです。事件の噂はどうやってでき上がるか。世間話を支える村落なら村落の幻想なり、共同体のなかに生きる人々の心なり、ずっと昔から伝えられているお話なり神話なり、そういったものが村落にはたくさんある。そういう伝承のパターンによりかかるかたちで噂は広がっていくと考えられます。

つまりこの場合だったら、動物の熊という男が熊と組み打つという、その「熊」という名前に興味を集中してお話をつくり上げることによって、噂は単なる事件ではないすごく面白いお話になる。そして、それはどんどん人の耳を介して伝えられていきます。伝えられれば伝えられるほど、お話には尾ひれがついていくはずです。その尾ひれのついたお話の何段階目かで、『遠野物語』の語り手である佐々木喜善というインフォーマントの耳に入るはずです。その佐々木さんがまた、遠野のなかでも普通の人に輪をかけたお話上手だったかもしれない。作り話なんかするのが得意な人だったかもしれない。そうすると、聞いた話をまた何倍かにして話を作り上げる。作為とまではいわなくても、お話というものはそうやってできていくものだと考えれば、それがごく普通のことですよね。

そのようにしてお話に仕立てられた噂話が柳田さんの耳に入るわけです。柳田さんは一生懸命それを忠実に筆記していたと、傍らにいた水野葉舟が書いている。しかし忠実にメモしたって、そのメモのとおりに原稿にしたわけじゃない。原稿にする段階には、今度は柳田さんの作為が入り込むわけですね。柳田さんも非常に幻想の豊かな、あるいは想像力の豊かな人物であったようですから、そこでまたいろいろ筆が加わっていく。そして現在残っている『遠野物語』初稿本というのができ上がった。そして最終的にペン書き原稿と初稿ゲラと活字本ができ上がっていくわけです。この初稿本から活字本への流れというのにも、もちろんいろんな手入れはありますが、この話の場合、わりと素直に仕上がっている。

ところで初稿本というのは、佐々木が柳田に語ったままに書き留められているのではない。話を聞きながらメモをしていたようですが、柳田は後にそのメモを見ながら聴いた話を整理して文字に移していったのです。それが現在残されている毛筆で書かれた初稿本とよばれる『遠野物語』です。ですから、そこにはすでに柳田さんの筆が入っていてかなり濾過されている。初稿本にいたるまでの過程は、たとえば週刊誌なんかの記事がどうやってでき上がっていくかというレベルとも対応する問題を孕んでいます。そのようなものとしてわたしたちは『遠野物語』を享受している。でありながら、一方ではやはり土地の伝承の総体を抱えこんでいるという面白さももっている。すごく作為的でありながら、一方で村落の総体のかなりの部分が生々しいかたちで見えちゃう、そういう矛盾だらけなところが『遠野物語』の魅力なんじゃないでしょうか。

赤坂　三浦さんの話をお聞きしていて、『遠野物語』の伝承世界——『遠野物語』あるいは柳田の作品がというべきなのでしょうか——がどういう過程を経て作られたのか、その秘密の一端がのぞけたような気がしました。

『遠野物語』の研究のなかでは、「遠野物語」は常民の伝承世界そのものではないという批判がつねにあります。むしろ柳田の文学作品として享受すべきだ、というのです。いままで柳田という名前を冠せられたテクストとしてあまりにも強い力をもち過ぎたということに対して、『遠野物語』は文学作品にすぎないという批判ないし留保をする。それはある部分では共感できるところがあります。けれども、いま三浦さんがいわれたように、『遠野物語』は柳田のきわめて研ぎすまされた文語体によって書き留められた、文学作品としてある種の完成度をもった作品であるにもかかわらず、そこには非常に猥雑な遠野の生きられた伝承世界が埋もれていて、そこかしこにそれを見いだすことができる。こうした二重性みたいなものを評価しないことには、『遠野物語』をきちんと位置づけることはできない。文学作品だから駄目だという言い方は一面的ですし、かといって『遠野物語』からストレートに遠野の常民たちの生きられた語りの世界が再現できるかというと、そうでもない。

こうしたことを考えるにあたって、三浦さんの話のなかから取っかかりを見つけていきたい。三浦さんは『遠野物語』成立のプロセスが古事記のそれに似ているということをおっしゃられましたね。わたしはそれをうかがっていて、面白いなあと感じました。古事記以前に声の語りで伝えられた伝承世界があって、それを文字テクストとして定着する過程で初めて古事記が生まれてくるわけですね。その過程はたしかに、『遠野物語』が生まれた過程に相似的なところがあります。

そこに一つの本質的な問題が潜んでいるのだろうと思います。語りの世界というのは、一回限りで浮遊しつつ消えていくものですね。それが文字テクストに定着させられる時には、いろんな省略があったり、刈り込みがあったり、あるいは転位があったりするわけです。それは、ある意味では語りの世界が文字の世界に移し換えられる時の、どうしようもなく避けがたいことですね。それに対して、柳田は常民の語りを文語体で書き写したからけしからんという議論が出てくるのですけれど、それは語りの世界と文字の世界の断層というかズレというものをわかっていない人間のいうことだという気がします。

三浦　それはその通りだと思いますね。昔話の採集をする場合、採集者たちはテープレコーダーのマイクを差し出し、文字どおり聞いたままに翻刻するのが主流だと思います。で、間違えた言い廻しなどもそのまま、ふぅ、なんていう溜息まで入っていたりする昔話集があるわけで、それが絶対的なものだという信頼があるわけです。ところが、そうやって採集されてテクスト化されたものはもう語られたものとは全然違うものと考えるべきです。本に録音テープを添えてももう違う。つまり、他所者がマイクを突き付けたとたんに、そのお婆さんが語る話は本来語られている話とは全然違うと考えるべきです。

東京から来た研究者にマイクを向けられたら、構えるでしょう。構えれば、普段語っている話とは違う話をするに違いない。つまりは、語られたままに文字化したものが村落の伝承そのものかというと、どのように細密であっても疑わしいということです。ですから逆にいえば、『遠野物語』が文語体で書かれていようが、柳田の手がどれだけ入っていようが、そこの部分の腑分けさえうまくして、分析なり読み取りの訓練さえしていれば、きっとその世界の奥には遠野の生きられた伝承というものが見えてくるに違いない。わたしは非常に楽天的ですから、漢文で書かれた古事記という作品の向こう側に、音声によって語り伝えられた古代の表現世界、古代の音声のありさまだってひょっとしたら論理のなかで構築できるはずだと思っているのです。

『遠野物語』と『遠野物語拾遺』

赤坂　『遠野物語』は明治四三年に出版されているわけですね。その段階では、柳田国男という人は、明らかに民俗学者ではない。『遠野物語』は、民俗学の旅立ちというか、始まりを告げる記念碑的な著作だという変な持ち上げ方をつねにされてきましたから、そういう誤解が生まれる。わたしはそんなの全部嘘っぱちだと思っているんです。なぜかというと、この『遠野物語』というテクストはかなり孤立した固有のテクストだと思っているからです。

さきほど三浦さんがおっしゃいましたけれども、昭和に入ってから民俗学を体系化していく過程で、柳田は昔話とは何か、伝説とは何かといった概念規定を作っていくわけです。そうすると、そういう概念規定あるいは昔話の採集マニュアルができあがったあとでは、地方の採集者たちは柳田の作った概念なりマニュアルに沿って話を採集し始めるわけです。『遠野物語』に収められた話というのは、ことにいかにも『遠野物語』らしい話の多くは、後期の柳田の眼から見れば昔話ではなく単なる村の噂話です。そこに世間話という言葉をかぶせてしまうと、逆に何かが見えなくなる気がしますね。そうした噂話めいたものは、柳田以後につくられた神話・伝説・昔話といった説話の分類からは漏れ落ちて、どこにも登録されずに取り残されてきたのではなかったか。

それがなぜ重要なのか。『遠野物語』にはそれこそ村の噂話やスキャンダルから、世間話、昔話、あるいは古くからの伝説、神話のかけらなどが渾然一体となって、腑分けできないようなかたちで含まれている。たぶん村落の伝承世界、生きられた語りの世界は、こうした混沌として絡み合うような世界だったはずです。これは昔話、それは伝説、それ以外の噂話なんかは採集の対象ではないというような区分けがなされて、それぞれ標本箱に分類と名前をつけて納められるようになると、『遠野物語』のような生きられた伝承というのはすくい取られなくなる。

どう考えても『遠野物語』は孤立したテクストです。たとえば『遠野物語』のなかの色彩にかかわる伝承を拾ってみると、非常に鮮やかな色彩のシンボリズムが浮き彫りにできそうなんです。ところが、それが遠野に固有の色彩世界なのか、東北のほかの地域はどうなのか、列島のほかの地方ではどうなのかということを比較検証しようとすると、比較するだけの資料が残されていないという現実にぶつかります。つまり、阿波の昔話とか新潟の民話とか、膨大な文字テクストが編まれ刊行されているのですが、そういうテクストのなかには色にまつわる記述がほとんど残されていない。おそらく色彩は意味の網の目からこぼれ落ちたノイズにすぎなかったのです。むろん、焼畑作物にかかわる起源伝承のなかなどに、赤という色がくりかえし見いだされるといったことはありますが。

昔話という、研究者があらかじめ用意している枠組みやフィルターによってすくい取られるものだけが、昔話として残されているのです。採集やら研究やらというのは、避けがたくそうした偏りをもつものであり、仕方がないことではあるのです。そういう意味合いでも、さきほど三浦さんも言われましたが、『遠野物語』と『遠野物語拾遺』はかなり特異なテクストとしていま残されている気がしますね。

三浦　『遠野物語』と『遠野物語拾遺』とでは、また性格が違うところがあるのかもしれません。『拾遺』が一緒に出版されたのが昭和一〇年でしたか。

赤坂　そうですね。

三浦　明治四三年に一一九話の話が収められた初版本が出て（最後の第一一九話は鹿踊りの歌詞を集めた古い資料）、その後、佐々木喜善さんがたくさんの話を採集して柳田さんに渡してあったものがなかなか出なかった。柳田さんは、内容、文章がどうのこうのと言い訳していますけれども、あまり出したくない話がいろいろとあったのではないでしょうか。赤坂さんがさきほどおっしゃったように、柳田の昔話論の概念がきっちりしていった時に、それが役に立つか、柳田にとって重要かという問題がかなりあったのではないかと思います。

赤坂　わたしは最近になって、『遠野物語拾遺』のほうに少し関心の比重が移っていますね。なぜかと言いますと、『遠野物語』のほうは喜善の出身地である土淵村の山口を中心にして、その半径数キロほどのエリアで語られていた話がほとんどでした。まだ意図的に採集を始めていない段階ですから、当然ながらそれほどの広がりがあるわけではない。『遠野物語拾遺』のほうは、明らかに喜善が昔話とか伝説とかを求めて遠野をあちこち歩いた痕跡があって、土淵村山口という集落を中心としながら遠野の全域に広がっている。性格もかなり違うし、取り上げられている伝承も色合いが相当違います。世間話的なものがかなり薄れているということもあります。けれども、遠野の生きられた伝承とか習俗の世界に接近するためには、『遠野物語拾遺』のほうが手がかりになると感じています。それこそ柳田自身は嫌だったに違いない猥雑なもの、ごった煮のような世界が繰り広げられていて、『遠野物語』には割合少なかった伝説的なものが入りこんでいる。それから後半になると、習俗や儀礼や行事などの記事がかなり入ってきます。

明治四三年から大正、昭和一〇年までということで二五年くらいの時間的ズレがありますから、『遠野物語拾遺』を読みますと、日本の近代という時間が遠野という土地に入り込んできたことによって生まれる変化、社会的な変容の痕跡みたいなものが見えてくるのですね。『遠野物語』には近代の影というものが、喜善がそうしたのか、柳田が削ったのかわかりませんけれども、ほとんど見いだされない。『遠野物語拾遺』になると、天狗が大きな風船にぶら下がって飛んでいくというような話が出てきたりする。伝承世界が近代の影のもとで少しずつ変容し始める。その変容のさまを『遠野物語拾遺』というテクストは語ってくれる。そこが面白いと感じています。

三浦　口頭伝承というのは、さきほど話題になりましたけれども、変容しなければ生きられないというところがある。変容し続けることが、たぶん、語りが生き続ける唯一のよりどころだと思います。変容がどうやって起こるのか。これはたぶんさまざまな社会的あるいは説話的な刺激によって起こる。そうすると、遠野という村落は、どこの村落もそうだと思いますが、閉じられて単独でありうるということはないですね。

赤坂　ないですね。

物語が醸成する場所

三浦　先日も赤坂さんと一緒に遠野に行って車で走りながら話したんですが、とくに遠野はすごく開けた町で水田がずっと広がり、中心地の辺りには山間の村という印象はまずない。しかも交易の場所ですから、市が立って、人々が動き回る。わたしはやはり、市が立つというのは非常に大事なことだと思うのですね、お話が流通するという意味で。海の物が遠野へ来て、山の物も来て、そこで交易され、売り買いされて駄賃附によって運ばれていく。中世の社会史研究の網野善彦さんによってさまざまなことが語られていますけれども、市という交易の場所は、話の交易の場所と理解していい。物を交易するだけではないというか、それは大したことではない。大勢の人々が行き来して、恋をしたり喧嘩したりするのも市だし、話が交わるのも市。そういう市の存在が、『遠野物語』の話をすごく活性化させているのではないか。

そうすると、近代の影響もいちばん受けやすかった。どこでもそうだと思いますが、遠野という場所は東北のなかでもとりわけそういう影響の強い土地だっただろうとおもいます。

赤坂　近世の遠野を考えてみると、もうひとつ違う側面があったかもしれませんね。近世の遠野はそれなりに大きな城下町でした。われわれがいま遠野を訪ねた時には、とりわけ駅周辺は『遠野物語』が醸し出すひなびた山村というイメージからは大きく隔たっていますが、同時に市が立って賑わう城下町のイメージとも異なったものがあります。『遠野物語』の第二話は「遠野の町は南北の川の落合に在り。以前は七七十里とて、七つの渓谷各七十里の奥より売買の貨物を聚め、その市の日は馬千匹、人千人の賑はしさなりき」と始まるんですね。

じつは佐々木喜善が生まれた土淵村山口という集落は、この遠野の町場に市が立つ時に海岸の地方の人たちが笛吹峠や境木峠（界木峠）を越えてやって来る、その非常に賑やかな街道筋の集落なんですね。現在では、山口の集落の奥に行くと道が切れてしまってそれ以上奥へは入れないんですが、少なくとも近世の遠野、その時代の山口というのは、月に三度の市の立つ日には多くの人々が行き交う非常に賑やかな、街道に面した集落だったということですね。いまではもうまったく面影がありませんが……。

遠野には「ひょうはくきり」という言葉があって、お話好きの人、ほら吹きの語り部をそう呼んだようですが、山口という集落はこの「ひょうはくきり」を伝統的に輩出する土地であったらしいですね。『山深き遠野の里の物語せよ』、あるいは『遠野物語をゆく』という本を出された菊池照雄さんのお仕事に、非常に刺激を受けてきましたが、その菊池さんの出身地もたしか土淵ですね。喜善が生まれた土淵村山口、そこに「ひょうはくきり」が輩出するというのは、偶然ではありません。いま三浦さんがいわれたように、お話というのは閉じられた空間のなかに醸成されていくのではなくて、さまざまな異質の人たちが出会う市のような場所、あるいは人々が行き交う街道のような場所に発酵して、さまざまに語り継がれていくということですね。そういうことは、喜善の生家の前に立って、たとえばその近世の風景といったものを想像してみるとよくわかります。

三浦 そうした関係は、たぶん最初に赤坂さんのお話のなかにあったオシラサマにもいえますね。オシラサマはハレの日に語られたということでしたが、そういうハレの日の語りにしろ、昔話とよばれるものにしろ、わたしがお話した世間話とか噂話とかよばれるようなものにしろ、民俗学でジャンル分けしてしまったものだから、柳田さんの悪口をいうのは本意ではありませんけれども、それぞれ違うものだという認識をもちすぎているところがあると思うのです。もちろん、形態だとか伝え方、語り方という点に大きな違いがあるのは間違いないですが、相互に交流し合っている。話が行き来するのと同じように、さまざまのジャンル、民俗学風にいえばたとえばハレの語りとケの語り、神話と昔話と世間話というのはいつも混じり合い、混じり合うなかでそれぞれの話が元気になっていく。そしてハレのお話を語るのは神聖な場としてお祭りの日ということだけれど、そこで聞いた話はまた囲炉裏端の話のなかに戻っていくし、男たちが一杯飲みながら語る猥談のなかにも入っていくかもしれない。

赤坂 わたしはさきほどオシラサマの話をハレの語りといいましたが、馬と娘が婚姻を交わし、そこから蚕が出てくるという養蚕の起源譚は、三、四世紀ごろの中国の『捜神記』という小説集のなかに原型らしきものがあるわけですね。『捜神記』は小説集として作者は干宝の名前を冠されているのですが、おそらくそれ以前に中国の民衆世界のなかで語り継がれていた説話・伝承があって、それが小説集として三、四世紀ごろに編集されたのだと思います。

それがどういう経路をへて日本に入ってきたのかはわかりませんが、たとえば奥三河の花祭りのなかにオシラ祭文という名前で、これと似たものが語られている。そこからさらに東北にいたると、どういう変容のプロセスを辿っているかはわかりませんが、どうやらイタコという盲目の巫女たちがハレの日に語る祭文として、近世の初めあたりから明治の『遠野物語』の時代まで語り継がれていたらしい。おそらく羽黒系の修験とイタコが管理する口伝えの秘伝として継承されてきた歴史をもっているはずです。『遠野市史』には、長者の家で起こった娘と馬との結婚、そして養蚕の起源などをテーマとする漢文体で書かれたオシラ神祭文が収録されています。

それがさらに、民話や昔話になっていく過程を追跡することはできませんが、明治末年の『遠野物語』の刊行という人為的なファクターが大きな役割を果たしたことは、想定して誤りではないでしょう。そう考えてみますと、オシラサマの話はハレの語りだということもいくらか一面的であり、ひとつの説話なり伝承なりが語り継がれてゆくプロセスは非常に複雑で、さまざまな人たちが運搬者となっています。そうした運搬者や語り手が誰であるかによっても、さまざまに変容していくはずです。少なくとも、これは昔話、それは伝説、あれは神話というような区分は、生きられた伝承世界、生きられた語りの現実からは遠いんじゃないかという気がします。

物語の起源はさまざま

三浦　『遠野物語』第五四話は、閉伊川という川の淵の底の話です。小国川との落合に近いところに川井という村があって、その村の長者の奉公人が淵のところで樹を伐っていて斧を水のなかに落とした。主人のものなので淵の底に取りに入っていくと、機織りの音が聞こえてくる。すると、水の底の奥のほうで、二、三年前に姿を消した主人の娘が機織りをしている。娘は奉公人に、いまは淵の神のお嫁さんになっているが、そのことは喋らないでくれ、と言ったという話です。神隠し譚の一つと考えていいものです。発端の部分は、「米良の上漆」などの昔話のパターンにもあるものですが、さらに斧を落として取りに行こうという部分などを見ると、イソップの「黄金の斧」をすぐに連想します。こういう話は、いろいろな話が結合しながらでき上がってくる要素もありますよね。

赤坂　その可能性はかなり強いと思います。イソップ物語というのは近世の初めにすでに、キリシタンの周辺で訳されていますね。

三浦　そうですね。

赤坂　そういえば、『遠野物語』のなかには出てきませんけれども、遠野の周辺の山間には隠れキリシタンがかなり入り込んでいますね。彼らは金山とか鉱山の採掘に従事していたらしい。東北の隠れキリシタンの研究が明らかにしてきたことですが、そうした可能性は否定できないと考えています。まあ、隠れキリシタンとイソップ物語が交叉する場面があったのか否か、検証するのはむずかしいでしょう。それにしても、斧を淵のなかに落としてしまったというのは、あまりにも似ていますよね。

三浦　似てますね。知らないうちにとんでもなく古いものが残っていたり、新しいものが古い顔してまぎれ込んでいたりというのが、民間伝承のすごく面白いところだという気がしますね。

佐々木喜善がまとめている昔話集でいちばん有名なのは『聴耳草紙』で、筑摩叢書（現在は、ちくま文庫所収）に収められていますが、そのなかに「大工と鬼六」という昔話がある。これは東北地方でだけ数話採録されているお話で、柳田国男も言葉の呪力という点から非常に重視しています。腕のいい大工さんが橋をかけようとしていると、鬼が出てきて、「おれがかけてやる。その代わりお前の眼玉をくれ」という話ですね。困っていたら、名前を当てたら許してやるという。子供の歌う唄を聞いてその名前を知り、鬼を退散させるのですけれど、数年前にある研究者がこの話は北欧の伝説が大正時代に入ったものだと主張し始めたのですね。見ていきますと本当に似ている。日本の話のようだけれど、どこか日本の話らしくない。明治末期から大正初期に口演童話運動というのがさかんになりまして、とくに久留島武彦や巌谷小波らを中心に児童文学者たちが東北へ入り、さまざまなお話を語り聞かせる運動をやるんですね。それが東北にずっと広がっていく。古臭い感じで入り込んでいるけれども、斧を探しに行く話だって、ひょっとしたら非常に新しい段階で入っていることが十分考えられます。

赤坂　第五四話は三浦さんが『村落伝承論』のなかで取り上げていらっしゃいますね。さきほどの話の続きをしますと、奉公人は娘から自分に会ったことをけっして語るなと言われて帰ってくるのです。一時的には富を得るのですけれども、娘に会ったことを喋ってしまって、また没落してしまうのですね。「家の主人は何と思ひしにや、その淵に何荷とも無く熱湯を注ぎ入れなどしたりしが、何の効も無かりしとのことなり」という。非常に不思議な一節ですね。たぶん『遠野物語』の魅力というのは、こういう細部に宿っているのかもしれませんが、これは柳田が挿入した一節なのでしょうか。

三浦　わかりません（笑）。

赤坂　わからないですねえ。この部分について、三浦さんは面白い解釈をなさってますね。この女は間違いなく、惚れた男に裏切られたか親に結婚を許されなかったかして、この淵に入水したのだろうと。また、父親がこの淵に熱湯を注ぎ入れるところに注目して、何と言われていましたか。

三浦　何と言いましたっけ（笑）、狂気でしょうか。父親の狂気みたいなものでしょうか。

赤坂　そうでしたね、父親の嫉妬とか狂気といったものを読み取られていましたね。ところで、これをある大学の講義で喋ったら、次の週にひとりの女子学生がやって来て、「先生、実はこういうことを聞きました。沼とか淵に入水した人は寒くなると出てくるというんです。だから、このお父さんは娘への愛情から熱湯を注いだんじゃないですか」と言うんです。へえ、そういう解釈もできるのかと思いました。どれが正しいのかはわかりませんし、ひとつの正解がどこかに隠されているというわけでもないでしょうが……。

赤坂　これはもう明らかに柳田の文体ですけれども、丸い炭取りがくるくる回る話がありましたよね。
三浦　はい。
赤坂　お通夜の晩の話だったと思います。あれは、何話でしたか？
三浦　第二二話ですね。
赤坂　死者が現われ、その通っていったあとに「丸き炭取りなればくるくるとまはりたり」というところ、これこそまさに文学だと三島由紀夫は快哉を叫んだと思うのですが、この熱湯を注いだという一行なんかも、ほとんど文学ですね、文学の結晶のような感じがしますね。
　ここで第五五話の河童の話をしたいのですが、これは三浦さんがやはり『村落伝承論』のなかで分析されているものです。とても興味深い、こういう話です。

　川には河童多く住めり。猿が石川ことに多し。松崎村の川端の家にて、二代まで続けて河童の子を孕みたる者あり。生れし子は斬り刻みて一升樽に入れ、土中に埋めたり。その形きはめて醜怪なるものなりき。女の壻の里は新張村の何某とて、これも川端の家なり。その主人人にその始終を語れり。かの家の者一同ある日畠に行きて夕方に帰らんとするに、女川の汀にうづくまりてにこにこと笑ひてあり。次の日は昼の休みにまたこの事あり。かくすること日を重ねたりしに、しだいにその女の所へ村の何某といふ者夜々通ふといふ噂立ちたり。始めには聟が浜の方へ駄賃附に行きたる留守をのみ窺ひたりしが、後には聟と寝たる夜さへ来るやうになれり。河童なるべしといふ評判だんだん高くなりたれは、一族の者集りてこれを守れども何の甲斐も無く、聟の母も行きて娘の側に寝たりしに、深夜にその娘の笑ふ声を聞きて、さては来てありと知りながら身動きもかなはず、人々いかにともすべきやうなかりき。その産はきはめて難産なりしが、ある者の言ふには、馬槽《うまふね》に水をたたへその中にて産まば安く産まるべしとのことにて、これを試みたればはたしてその通りなりき。その子は手に水掻きあり。この娘の母もまたかつて河童の子を産みしことありといふ。二代や三代の因縁には非ずと言ふ者もあり。この家も如法の豪家にて○○○○○といふ士族なり。村会議員をしたることもあり。

ちょっと注釈をしておきます。出版の問題として非常に腹立たしく思っていることがありまして、たとえば岩波文庫版の『遠野物語・山の人生』を見ていただくとわかるのですが、「○○○○○」というのが「何の某」と勝手に変えられているのですね。「何の某」というのは、ほかの話でも名前がわからない時に使われている表現なんですが、この話に限って柳田は「○○○○○」と伏字にしているのです。たぶんこれは、遠野で実際にあった事実だということを強調している表現なんですね。それを勝手に編集サイドで「何の某」などと改竄してもらっては困ります（本書のテキストとして用いた角川ソフィア文庫『新版　遠野物語』も同様の改変を加えているので、当該部分の伏字に限って旧版の角川文庫に従った)。

三浦　この「○○○○○」にはじつは初稿本では実名が書いてあると小田富英さんがいっています。じつはわたしはこの話がすごく好きです。伏字があると興奮してしまう(笑)。中学生のころ、親に隠れて伏字のある本を読んでいたものですから、もうたまらなく嬉しくなってしまうんですけれども……。そういう体験からいいますと、いまおっしゃったようにこの話は生きているんですよね。それがリアリティをもたらす。第五五話を読んで面白いのは妬みみたいなものが、また第五四話では主人と奉公人という関係のなかで、両者の非常にどろどろした社会的な関係が、噂を外へバラしてしまう構造をもっている点ですね。

世間話というのは、つねに妬みだの羨みなど悪意によって語られていくところがあるんだろうと思います。悪意の問題にすごくいま、興味をもっているんですけど。この話でいいますと、すぐ間引きなどの問題が論じられたりするわけですし、いろいろな病気で奇形の子供が生まれるといった医学的な問題として論じられたりもするんですね。それはそれでいいんですけれども、やっぱりこの話のすごいところは「秘密」ですよね。包丁握って俎の上かどうか知りませんけれども、父親が娘の生んだ子供を切り刻んでいるわけですから。血みどろな凄惨なイメージが、わたしたちには浮かぶわけです。血みどろな、家にとってもっとも恥ずべきことだから、一升樽に入れて土のなかに埋めて始末してしまう。

そういう恐ろしい出来事でありながら、その家の第一の秘密がなぜバレるのかという問題です。この話を語っているのは誰かというと、お婿さんの父親なわけです。婿を出すような家と、娘に婿をもらうような家とでは、社会的地位などが全然違います。一方は村会議員をしたことのある士族で名士です。しかも松崎村の川端と新張村の川端というのはそれぞれ川上と川下で、この話の両家の力関係、経済的な関係がわかってくるわけです。そういう力関係のなかで婿養子を出した、そして豪家の秘密を知ってしまったお婿さんの父親が、ついこの話を洩らしてしまう。いま、わたしがこういう話に興味をもつのは、そういう家同士の関係が、そしてまたそういう妬みが話を作り上げていくことです。そして、お婿さんのお母さんが噂が立って仕方がないのでお嫁さんと一緒に寝たとか、ちゃんと話の証人がいる。お話の出来上がり方という点でも、いろんなことを教えてくれるお話といえます。

神話的にいえばこの話はパターンがある話です。河童の子というのは神の子ですから、神の子を産むのはマリアと同じですね。いわゆる処女懐胎すべき女です。日本の神話でいえばまさにシャーマン、巫女。玉依姫とか活玉依毘売とよばれ、結婚していないけれども子供を孕んでしまう女は、神話の世界にいくらでも語られているわけです。そういう神話の構造からすれば、いちばん典型的な神の子の誕生の物語だと言えます。そういうパターンが骨組みとしてはずっと流れていながら、一方で、そこに妬みのようなものが重ねられて世間話ができてくるという、話の構造と個別の語られ方というものにわたしは非常に興味をもっています。

赤坂　いま三浦さんが省略された部分を補いながら、自分の考え方というか読み方をちょっとお話してみてもいいでしょうか。「かくすること日を重ねたりしに、しだいにその女の所へ村の何某といふ者夜々通ふといふ噂立ちたり」。わたしはここが一つのポイントだと思います。三浦さんの本のなかにも出てきましたけれども、これは明らかに、村の何某という者がこの豪家の娘のところに夜這いをかけている図柄です。しかも夜這いでおさまらずに、子供が生まれてしまう。それで、その子供は殺されてしまうわけです。いま三浦さんが言われたように、これは異類婚姻譚、蛇とか河童が人間の女のもとを訪れて婚姻が交わされるという、神話にさかのぼれば神と人間の女との交わりのテーマになります。そういう物語的な定型を背景にもちながら、旧家の女と間男とが通じて子供が生まれたというスキャンダラスな事件が、いつの間にか巧妙にズラされていく。間男は河童、生まれてきたのは河童の子とされる。ある種の説話的な変形が加えられているわけです。

三浦さんが論じられたところをもう少し展開すれば、この家に入った婿の父親が語り手になっているばかりでなく、母親もまたこの女の相手がたしかに河童だったことを証言する者として登場しています。この父親と母親はこの家にとっては外部なんですけれども、婿をこの家に入れているという意味ではけっして外部ではなく、内と外にまたがる曖昧な両義的存在です。いわば噂の大好きな村人たちに対して、間男と通じたという密通の話を河童の話にズラし転倒させるために大きな役割を演じているのが、この婿の父親と母親なわけです。娘の母親が証言者で、娘の父親が語り部だったとしたら、この話は説得力をもたない。この家の外にいる婿の父親、母親が語り部なり、証言者になることによって村人たちに対して説得力をもつんですね。三浦さんの本を読ませていただいた時に、いろんなインスピレーションを得まして、その延長上にこういうことを考えてきました。

つまり、あの家に「何の某」と名指されている間男が通っているというのは、村人たちの間に流通している噂なわけですね。それで、その延長上に子供が生まれて、旧家のスキャンダルがむき出しになる。だからこそ、その子供を残酷なかたちで殺さざるをえないわけです。流通している噂に対抗するために、間男は河童に置き換えられ、生まれてきたのは河童で水掻きがあったという風に変形させられる。そうして噂を打ち消すためのいわば対抗神話として、河童譚が婿の父親と母親を通じて意識的に流されている構図が見えてくる気がしますね。こういう読み方がどこまで当たっているかはわかりませんが、三浦さんの刺激的な説話分析に引きずられるようにして、これを対抗神話の試みとして読んだらさらに膨らんでいくのではないかと考えています。

三浦　妬まれるような家であれば、それを逆に語り返すみたいな構造はたぶんおっしゃる通りあると思いますね。具体的な事例でいえば、「片門松」の伝説があります。『遠野物語』の第二五話の短い話で、大同の祖先たちが村にはじめて入って住みついた時の話なんですが、「大同の祖先たちか、始めて此地方に到著せしは、あたかも歳の暮れにて、春のいそぎの門松を、まだ片方はえ立てぬうちに早元旦になりたればとて、今もこの家々にては吉例として門松の片方を地に伏せたるままにて、標縄《しめなは》を引き渡すとのことなり」。

門松というのは両側に立てるものですが、片方立てて片方寝かせておくという片門松という風習を伝える土地は、結構あちこちに残っているのですね。あまりにも暮れに忙しくて門松を立てきれなかった。それでその家は繁栄した。だからそういう習わしになっているんですよという語りなんですね。ところがこの片門松の伝承は、そうしない家々では、あれは隠れキリシタンの印だというふうに伝えられているんです。集落でも片門松をする集落としない集落があるわけですけれども、する集落、する家では、金山掘り、金山で金を見つけたというような伝承と結び付けられることが多い。そういうふうに自分たちの栄光の伝承として語っている。いっぽう同じ習俗が、蔑まれるべき隠れキリシタンであるという伝承をもっている。当事者の家と外の家との関係で見てみますと、確かにこの話でも対抗神話という言い方がよくわかる。そうやってお互いに張り合いながら話を作っていく、あるいは自分たちのいわれを語り継いでいくことが必要なのでしょう。

第３章　死者へむかう物語——鎮魂と和解のための物語論

震災復興から物語のほうへ

赤坂　先日、ひさしぶりに陸前高田から大船渡まで三浦さんと一緒に歩きました。陸前高田ではベルトコンベアーで土が運ばれ、十数メートルの土盛りをするという現場に立ってその高さを目の当たりにしました。防潮堤はとてつもない大きさになると思いますが、これではたしていいのだろうかと考えながら、わたしはその異様な光景の前に立ち竦んでいました。

東日本大震災のあと、ほんの数カ月間でしたが、政府の復興構想会議の委員をしていました。そのとき、被災した沿岸の市町村にすごい量のとんでもない復興のプランが送り付けられていることを知って、驚かされました。その一部はわたしのところにも送りつけられてきました。ほとんどが大昔のバブルのときのような発想のもので、人間の自然に対する優位性を自明の前提とした復興プランがあふれていました。南相馬市の市役所の廊下には、巨大な段ボールで三箱分くらいの「ゴミ」のような提案書が積み上げられてありました。みな、それを「とんでも本」の類のように笑っていましたね。しかし気が付いたら、その段ボールにあった復興プランと似たり寄ったりのプロジェクトが現実の光景として、いたるところに姿を現わしつつあるのではないか。そこには否定しようもなく、自然に対する畏怖や畏敬といったものが欠落しています。あれだけの巨大な災厄に見舞われていながら、われわれ日本人は変わることができなかったのかと、暗澹たる思いに駆られますね。

もちろん、途方もない被害を受けた沿岸被災地では、人々がどのように生活と生業の場所を確保するのかということは、誰も体験したことのない難問であることはわかっています。だから、言葉を探しあぐねるのですが、しかし、やはりこれでいいのだろうかという素朴な疑問を感じざるをえませんでしたね。

三浦　わたしは陸前高田市に震災後の二〇一三年の夏におとずれ、そして今回また歩く機会を得ました。震災の前には街があった場所。そして、いまは何もなくなった場所にベルトコンベアーが張り巡らされているという光景はどう表現すればいいのか、わたしには言葉がありません。

土地を高くしてそこに街をつくるというのが、これからの生活のために考えられるひとつの方法ではあると思います。しかし、一〇〇年、二〇〇年経ったときにその街がどうなっているのか、そのことをどこまで想定してつくられているのだろうかという想いは抱きました。

まったく関係ないのですが、瀬戸内を船でまわったことがあります。瀬戸内はたくさん島がありますが、そのなかに真っ平らな何もないお盆のような島がありました。どうしてそうなったかというと、関西国際空港をつくるときに土盛りをするために、その島をひとつ切り取ってしまったからなんです。異様な光景でした。陸前高田市も同じように山を切り取って、その土砂をつかって土地を高くするという計画ですね。

しかし、わたしのような「外」の人間が何か言えることなどない。素直に、そこが新しい生活の場所として人々がつながっていくことができるような土地になってほしいと願うばかりです。

赤坂　たしかにわたしたちは余所者にすぎず、眼前の風景に対するきちんとした考えなり提案なりをもっているのかと言われれば、持っているわけではないです。ただ、震災のときにわれわれが感じたことはけっして間違ってはいなかったと、わたしはいまでも頑なに信じています。それは、人と自然との関係とか、人間がどれだけの経済力や技術力をもってしても荒ぶる自然の力を完全に防ぎ止めることは不可能なんだと思い知らされた、ある種の絶望感かもしれません。しかし何であれ、そうした自然への敬意とか謙虚さというところから、もう一度われわれ自身の生き方それ自体を編み直す必要があるのではないか――それは当然ながら原発も含めてですが――と感じたことというのは、絶対に間違ってはいなかったと思います。

三浦　赤坂さんに『震災考』（藤原書店）という本があります。おさめられている一番古い文章は二〇一一年三月二二日に『読売新聞』に出た記事で、それから三年の間にさまざまなところにお書きになった文章を集めた本です。わたしなどは、教えられることばかりでした。そのなかで、いま赤坂さんがおっしゃった自然の問題というのは、やはり、『震災考』を読んでみると、ずっと赤坂さんが発言し続けていることのひとつだと感じます。わたしたちは環境に適応して生活しているわけです。遠野でしたら遠野という場所でずっと先祖代々生活してきた。そういう意味での環境ですね。ですから、海辺の人たちには海辺の人たちの環境と生活がある。自然と人間とのつながりがあって生活しているというのが、本来の地域であり、それが地域の伝統的なつながりを作っているんだという基本的な考えかたというのはわたしにもすごくよくわかります。そうした自然あるいは環境を無理やり捻じ曲げて何かをつくる——もちろん、都市というのはすべてそうではありますが——ということを考え直す必要性がある。

そうした意識は、赤坂さんが震災後に発言している「海の風景」ということとつながってくると思います。太平洋側にもラグーン（干潟）がたくさんあります。それが震災後に露わになってきたということをさまざまなところで書いていますね。陸前高田も堤防の内側がいま「潟」みたいになっています。震災のせいでそうなっていますが、そもそもの昔はああいう場所だった、と考えるならば、そこから新しく始めるということが一番いい方法なのかもしれない。それは自然との共存という意味においてですが。

赤坂　いまの日本の人口は一億二八〇〇万人くらいだと思いますが、ほとんどマックスですね。これから急激に減少していくということは変えられない未来になっています。明治のはじめの人口はだいたい三〇〇〇万人くらいですね。わたしは人口が三〇〇〇万人の海岸線と一億二八〇〇万人の海岸線と、これから四、五〇年後に到来するといわれている八〇〇〇万人の海岸線というのはおのずと違うと思っています。近世はほぼ三〇〇〇万人前後の人口だったんですよ。山野河海はいまだ、入会地などとして共有されている里山や里海の向こうには無主・無縁の領域が広がっていました。明治以降、人口が爆発的に増えていくなかで、人と自然との関係は大きな変更を強いられます。国民を食わせなければならないわけですから、当然のように山も海も開発して田んぼにしていったわけです。そして、その田んぼがのちに住宅街になり、町になり都市になった。そのことを批判しているわけではないんです。そうせざるをえなかっただろうと思います。むろん、その延長上に北海道開拓があり、台湾・朝鮮・満州から南洋へと植民地を求めていった歴史があることから眼を背けることはできません。

けれども、いま急激に人口が減少に向かおうとしている、その縮小と撤退の時代を前にして、やはり一度立ち止まって考えておかなければいけないことがあるのではないか。たとえば、いまわれわれの眼の前にある海岸線が歴史のなかでずっと同じ海岸線であったという思い込みは、カッコに括っておく必要がある。それを暗黙の前提として議論を始めれば、われわれの未来の選択を誤るのではないかと感じています。震災後、津波に洗われた海辺をひたすら歩いてきましたが、そこで感じたことは3・11の海岸線というのは人間たちがやっとのことで維持していた海岸線であったということです。迂闊だったのですが、福島の相馬地方から仙台平野のあたりを歩いていると、海辺に排水施設がたくさんあるんですね。びっくりしました。関心もなく存在すら気付かずにいたのです。排水施設が海辺のあちこちにあって、それによって海岸線を維持している。溜まってしまう水を外に排出しなければ、現状を維持することはできない。つねに排水を繰り返すことによって海岸線は保たれていた。その排水施設が地震と津波によって破壊されて、さらに張り巡らされていた用水路も寸断されてしまった。そうして、そこにはただ一面に水浸しの風景が広がっていました。わたしはひそかに、それを「泥の海」と呼んできました。

かつて近世以前には、この地方の陸と海とのあいだにはどこにも、潟湖《せきこ》（ラグーン）と呼ばれる生態環境が広がっていたのです。南相馬市では、土地の人が「江戸時代に戻ってしまった」とか「浦に還ってしまった」とか話していました。ああ、そうかと思いました。津波の被害を受けたエリアが、かつての浦や潟の風景へと回帰していたのです。何とか人工的にコンクリートで海岸線を固めて維持していたということを気づかされたわけです。それでは、これからどうするのかということが議論になります。答えがすぐに出てくることはありえない。それはすでに、だれも体験したことのない未知の領域に属する問いかけだからです。それでも、少なくとも3・11のあの日にみなが感じたことは大切な手がかりになります。つまり、もう少し謙虚に畏敬の念をもって自然と向かい合うことを学び直さなくてはいけないのかもしれない、ということですね。くりかえしますが、そういう気持ちは間違いではなかったと思う。多くの人は忘れてしまったかもしれないけれども、何度でも記憶は呼び戻されねばならないと思いますね。

三浦　そういう基本的な立場にたって、そこからどういう新しい生活圏を作っていくかという問題になりますよね。

赤坂　そうですね。

三浦　ぜひ、うまくいってほしいとしか、わたしには言いようがないのですが……。

『遠野物語』第九九話――死者をめぐる物語

赤坂　『遠野物語』の第九九話の福二さんの物語。これは明治の三陸大津波を背景とした話ですね。震災後、この話には随分こだわって読んできました。

土淵村の助役北川清といふ人の家は字火石《ひいし》に在り。代々の山臥にて祖父は正福院といひ、学者にて著作多く、村のために尽くしたる人なり。清の弟に福二といふ人は海岸の田の浜へ婿に行きたるが、先年の大海嘯《おほつなみ》に遭ひて妻と子とを失ひ、生き残りたる二人の子と共に元の屋敷の地に小屋を掛けて一年ばかりありき。夏の初めの月夜に便所に起き出でしが、遠く離れたる所にありて行く道も浪の打つ渚なり。霧の布きたる夜なりしが、その霧の中より男女二人の者の近よるを見れば、女はまさしく亡くなりしわが妻なり。思はずその跡をつけて、はるばると船越村の方へ行く崎の洞のある所まで追ひ行き、名を呼びたるに、振り返りてにこと笑ひたり。男はと見ればこれも同じ里の者にて海嘯の難に死せし者なり。自分が婿に入りし以前に互に深く心を通はせたりと聞きし男なり。今はこの人と夫婦になりてありといふに、子供は可愛くは無いのかといへば、女は少しく顔の色を変へて泣きたり。死したる人と物言ふとは思はれずして、悲しく情なくなりたれば足元を見てありし間に、男女は再び足早にそこを立ち退きて、小浦へ行く道の山陰を廻り見えずなりたり。追ひかけて見たりしがふと死したる者なりと心付き、夜明まで道中《みちなか》に立ちて考へ、朝になりて帰りたり。その後久しく煩ひたりといへり。

被災地を歩きながら、わたしはこの話をいつでもかたわらに置いていました。むろん、わたしばかりではなく、震災後に多くの人がこの『遠野物語』の第九九話に言及するようになりました。明治の三陸大津波にかかわる記憶をテーマとした民話の類は、これ以外にはほとんど報告らしいものがなく、その意味でも大切な記録となっています。

これはいわば、津波で亡くなった妻と出会う、つまり幽霊との遭遇譚なのですが、被災地ではそうした幽霊と出会う話がいたるところで語られています。震災の年のお盆の季節のころからでしたか、いろいろなところで幽霊の話を耳にするようになりました。幽霊とは何か、あるいは、魂の行方といった問題がきわめて切実なものとして存在することに気付かされて、あらためて福二さんも妻の幽霊に出会ったんだな、と思い返すことになりました。そのなかで、この第九九話の読み方も少しずつ変わっていったような気がします。震災の前には、この話の読み方は、福二さんが哀れだなぁ、というあたりに収斂されていた気がします。男の研究者だけで読んでいると、「たまんねぇよな、これは」という感想で濁していたようなところがあります。しかし、この話は読めば読むほど深いですね。震災の何年か前に、三浦さんの娘さんである小説家の三浦しをんさんと対談したことがあります。しをんさんはこの第九九話が『遠野物語』のなかでもっとも好きな話で、このたった十数行の話のなかに人間の真実のようなものがすべて詰まっている、という言い方をされたことを覚えています。

三浦　第九九話というのは、震災以後に新しく読み直されてきたというのは間違いないと思います。死者の魂と夢という関係だったと思います。もちろん夢だったかどうかはわかりませんが。福二さんが出会ったと言っている幽霊と、死者の魂の関係が気になります。少し専門的に言えば、水野葉舟という作家がいますが、彼もこの第九九話と同じ話を書いています。さらに言えば、柳田国男に『遠野物語』を語った佐々木喜善ものちに自分の手で書いています。ですから、この第九九話は三つのパターンを比較しながら読めます。この点に、わたしなどは非常に興味をそそられる。細かく見ていくといろんな違いがあります。佐々木喜善も水野葉舟も柳田国男もすべて語り手は佐々木喜善ですから、出所は同じはずです。しかし、『遠野物語』が違うのは、読んでいただくと気付くと思いますが、歩いている二人が振り返って、それを見た福二が「わが妻」だと言っている点なのです。「わが妻」という言い方になっている。つまり、一人称になっているんです。福二さん自身の語りというかたちで『遠野物語』は語られている。ここにお話としての興味があります。そこから推察すると、柳田は喜善が語った話を聞いたのではないのではないか、と思うようになりました。なぜなら、喜善はこの話を小さいころからよく聞いていて、もし柳田が喜善から第九九話を聞いたとすると、喜善は三人称で語るはずだからです。柳田が意図的に一人称つまり福二さんの語りとして作り直したのか、それとも柳田が遠野に来た明治四二年に北川家に寄っていますので、そのときに北川家の人に直接この話を聞いたのか。第九九話という『遠野物語』の最後のほうに収められているということから考えても、喜善から東京で聞いたのではなく、遠野に行ったときに喜善以外の二つの人から聞いたのではないかとも思うのですが、よくわかりません。それはともかく、ほかの二つの話とは違って、一人称で語ることの生々しさといったものがこの話にはあります。そこに福二の哀感、亡き妻に対する想いがすごく強く現れている。じつに興味深いです。

それからもう一つ、魂の問題というのがあります。これを東北的と言っていいのか、わたしのなかでもちょっと整理がつかない。『遠野物語』のなかにもありますが「瓜子姫」と名付けられた昔話があります。「瓜子姫」の話は、東北型と西南型の二つがあるのですが、昔話研究ではこの二つは大きく違います。おもに東北地方で語られている話は、瓜子姫が結婚する前に山姥（あまんじゃく）がやってきて殺されて、剥いだ瓜子姫の皮を被って姫になりすました山姥がお爺さんとお婆さんに連れられて嫁入りすることになるが、その直前に鳥が鳴いて正体を教えるという話です。この話は、西の方では山姥によって木に縛り付けられていた瓜子姫は助けられて無事にしあわせに結婚するという話になっていて瓜子姫は殺されないんです。しかし、東北での話は、九〇パーセントの確率で瓜子姫が殺されてしまう。つまり、主人公が結婚する前に殺されてしまう話なんです。これはいったい何なのか、わたしはすごく気になっていました。どうやら魂の問題なんですね。殺されたことを知らせるのは鳥です。鳥が、この嫁入りの籠に瓜子姫をのせないで山姥のせた、というふうに鳴いて知らせる。そして、ケケロと鶏の鳴き声をしたり、ホケキョと鶯の鳴き声をしたりして姫ではないことを教える。鳥が教えるというかたちになっています。もう一つ、『遠野物語』には「小鳥前生譚」と呼ばれる一群の昔話があります。第五一、第五二、第五三話と三つあります。「夫鳥」と「馬追鳥」と「郭公と時鳥」という三つの話です。小さな子供が継母にいじめられたり行方がわからなくなったりして山のなかで死んでしまう。そうして、その子が小鳥になる。小鳥になる女の子たちの物語なんです。女の子たちの魂が鳥になる。この小鳥前生譚も東北に圧倒的に多い話です。岩手県や青森県に多い。こうした二つの話を重ねて、さきほどの第九九話を見ていくとすべて死者と魂、そして鳥というものがつながっていくんですね。こういうあり方はいったい何なのだろう。第九九話の話からかなり膨らんでしまいましたが、死と魂の問題をどうにかして解き明かせないか、といまわたしは考えています。

赤坂　瓜子姫のお話はとても面白いのですが、ここでは少し脇に置かせていただきますね。第九九話についてですが、いま三浦さんに指摘されてあらためて読みなおしてみると、たしかに一人称で書かれていますね。

三浦　そうなんです。

赤坂　「わが妻なり」と突然出てくる。その以前に、三人称から一人称へと曖昧に転換しているようでもあり、そこに唐突に「わが妻なり」と見え、また「自分が婿に入りし以前に」ともありますね。「私は」とか「僕は」といった表記はありませんが、まったく一人称で語られています。たとえば、恐山の「口寄せ」や「仏おろし」が一人称の語りなんですね。依頼者が自分の息子をおろしてくれとお願いすると、イタコさんは数珠を鳴らして、一人称で死者の語りを始めますね。一人称であるということが重要なのですね。

ところで、わたし自身はあるとき、第九九話を読んでいくために大切なキーワードとして「和解」という言葉と出会ったんです。中井久夫さんという精神科医の「記憶の風化ということ」(『清陰星雨』みすず書房)というエッセイを読んでいたとき、そこにさりげなく挿入されていた和解という言葉に眼を奪われました。大きな災害が起こったときに、生き残った人たちが死者たちとの関係をめぐってどのように折り合いをつけるのか、ということが大変重要な問題になる。つまり、折り合いをつける過程を、その精神科医は「喪」と名づけています。「喪」に服しながら、もう言葉を交わすこともできない、よじれていたかもしれない関係を解きほぐして編み直すこともできないところに行ってしまった死者との関係を、どのように折り合いをつけて受け入れるか、和解をするか、ということが最大のテーマになるということです。

ここからはわたしの妄想です。福二さんは遠野から浜辺の村に乞われて婿としてやって来る。そして、その女性との間には数人の子供が生まれる。それなりに幸せに暮らしている。でも、福二さんの心の奥深くには、村に入ってから聞こえてくる噂で知ったことですが、妻には自分が婿に入る前に想いを寄せあった男がいた。その男との関係を断ち切るようにして、自分は婿に入り結婚して夫婦になり家族を作っている。そのことに気づいて以来、福二さんは妻の心を疑っていたと思います。子を何人なしても、妻の心は自分にはないのではないかという疑いの気持ちを抑えることができなくて、その嫉妬している自分に苛立っていたのではないか。しかし、けっしてそれを口にはできなかった。たいていの夫婦の場合にはもっと年をとって、お互いにいろんなことを諦めて、認め合って和解ができるのだと思います。が、その時間を与えられなかったのです。津波によって、突然妻との関係を断ち切られた福二さんは、自分のなかの暗い心根みたいなものをどう始末すればいいのかわからずに、ひどく苦しんでいたのだと思います。だからこそ、たぶんお盆のころではないかと思いますが、渚で幽霊となった妻に出会うのです。ところが、妻のかたわらにはかつて心を通わせ合っていたと噂されていた男がいて、いまはこの人と夫婦になっています、という残酷な言葉を突き付けられる。衝撃ですよね。そこで福二さんは「子供がかわいくはないのか」と詰問するわけです。この台詞は決定的な敗北ですよね。この言葉を口にしてしまった途端に、福二さんはどんどん底に落ちていくわけです。この物語は明らかにどんどん底に落ちていく物語ですよね。底の底まで落ちていく。福二さんはそうして病気になります。こうしたプロセスというのが、わたしは和解という言葉と結びつけながら解釈できるのではないかと、ずっと考えてきました。

震災後のいつでしたか、あるとき、心理療法の臨床の先生たちの集まりに呼ばれてちょっと話をさせてもらったときに、ある高名な先生が手を挙げてこういうことを発言されました。「自分は長い臨床の現場のなかで、八人の幽霊を見たという人に出会ったことがあります」といわれたのです。そのすべてが一〇歳くらいの男の子なんだそうです。それはみな、父親を急死のかたちで亡くした男の子たちだったらしい。突然にお父さんとの別れを強いられた男の子が、幽霊になった父親と出会うという体験をする。わたしはこれを聞いて、やはりそうなんだ、と思いました。津波もそうですが、一瞬にしてあらゆる関係が断ち切られてしまう。生きていれば時間をかけて溶かしていくことができたかもしれない結ぼれのようなものも、もはや溶かすことができない。そのまま固く凍りついてしまう。それがたとえ幽霊というかたちでの訪れであっても、そこで言葉を交わすことができるかもしれない。男の子の一〇歳というのは非常に微妙な年齢ですよね。思春期に入る手前であり、これから大人の男になっていかねばならない、そのためにお父さんには教えてほしいことがたくさんあったはずです。幽霊の父親の訪れを必要としていたということです。

福二さんの場合にも、彼が抱えていた心の闇のようなものが、幽霊となった妻との出会いを引き寄せたのかもしれないとわたしは思います。さらに言うと、あるときわたしは、この話は福二さんしか体験していない出来事なのに、何故ほんの十数年後に佐々木喜善や遠野の人たちが知ることになったのか、と考えるようになりました。もちろん北川家というパイプによって遠野とは繋がっていましたが、そもそも福二さんが自身の体験を語らなければ誰も知ることはないわけです。もしかするとイタコのような宗教者が関わっていたかもしれないと想像しています。精神的な病にかかって苦しんでいた福二さんは、イタコのような宗教者を前にして、この物語を語ったのではなかったか。語ることこそが鎮魂にもなり、そして和解にもなり癒しにもなるのです。そうして、この物語はかろうじて成立したのかもしれません。興味深いことには、東日本大震災のあとに、福二さんのご子孫の方たちが今回の津波でまた家を流されたということで、メディアのなかに登場されています。つまり、それは家族の物語としても受け継がれていたのですね。福二さんは語ることによって癒されたんだろうと想像を巡らしています。

三浦　赤坂さんのおっしゃる「和解」というキーワードでこの第九九話は解けると思います。なぜ、語らなければいけないか、ということですよね。それは『遠野物語』のなかにある他のいろいろな作品も同様です。わたしは、古事記を語りという面から考えるというのが、言ってみれば専門です。語りとは何なのか。どうして語られるのか。わたしはやはり、語るということは死者と向き合うということなのだと思います。ふつうにそこにいる人間に対して語っているのではなくて、語りの先にあるのは死者なのではないか。『平家物語』などを見るとわかりますが、これは琵琶法師が語るものです。こういう語りの行為というのは、目の前に現れてきている死者たちを鎮めるため、いわば鎮魂のためです。『遠野物語』で第九九話のように、自らの物語として語っていくことによって、おそらく福二さんは死者と向き合っているのではないかと思うんです。先にわたしがあげた「小鳥前生譚」のようなお話だってそうです。死者を鎮めていくもの。そう考えていくと、こういう話がずっと受け継がれて語られていくことの意味、あるいは、昔話を語るということがどういう役割をもっていたのかということも説明できるのではないかと思います。とくにこの第九九話を考えるとその想いを強くしますね。

和解と魂

赤坂　もうひとつ和解について考えるきっかけとなったのが、ラフカディオ・ハーンです。彼の初期の作品をたまたまパラパラとめくっていましたら、「和解」という短い作品があったんです。要約するとこんなお話です。

平安時代あたりでしょうか、一人の下級の貴族が主人公です。彼が出世の目が出てきたときに、結婚していた奥さんを捨てて、もっと有力者の筋の別の女性と結婚して地方の任地におもむきます。しかし、その奥さんとはうまくいかなくなる。そうすると自分が捨てた前の妻のことを思い出すようになって、結局、任地を離れるときに妻とは離縁して京都に戻るのですが、そこで自分が捨てたはじめの妻を探し求める。ついに、廃屋のようになったかつて二人が暮らした家に辿り着く。その一番奥に灯かりがついていて、そこに捨てたかつての妻がいるんです。男はその妻に懸命に謝罪します。すると、そんなふうにお気遣いなさらなくてもいいんです、と妻は男を慰める。褥に入ってからもずっと話をつづける。しかし、朝、男が目が覚めると隣にいるはずの妻はいなくて、かわりに骸骨が横たわっていたのです。

ハーンはこの物語に「和解」というタイトルを付けている。やはり、三浦さんがおっしゃったように、生き残ったものたちが死者たちとの関係をどのように紡ぎなおすのか、そこに物語が誕生するのだと思います。折口信夫は「ものがたり」の「もの」は霊魂だと言っています。「もの」すなわち霊魂や死者が一人称で語ることが物語の起源になっていくということを思い出さざるをえないですね。

三浦　ハーンの「和解」については知りませんでしたが、上田秋成『雨月物語』に収められた「浅茅が宿」という話に似ていますね。

赤坂　三浦さんの専門の古事記の話に少しずらしたいのですが、三浦さんが古事記論のなかでおっしゃっているたいへん大事なことがあります。それは、どうして古事記にはまつろわぬ敗者として殺されたり滅ぼされたりした人たちばかりがくりかえし登場してくるのか、ということです。死者たち、非業の死を遂げた者たちへの鎮魂として、古事記は書かれたのではないか、と三浦さんはおっしゃっている。たしかに出雲の記述がすごく多いですよね。

三浦　はい。しかも、中巻や下巻の人代の話になっても、古事記が語るのは天皇に殺される御子や

臣下たちの話ばかりだと言っていいほどに、滅びゆく者たちのものがたりばかりが伝えられていま
す。

赤坂　頁をめくっていくごとに、敗者が次から次へと出てくる。まさに古事記というのはいま語った意味での物語としての本質的なものを抱え込んでいるのかもしれない。そんなことも思い返しました。

三浦　そうなんですよね。古事記と日本書紀というのはほとんど同じような内容が書かれているんだろうと思っている方が多い。「記紀」というような呼称が一般化していて、どちらも天皇の歴史を称賛しているものだと考えている人もいますが、読み比べてみると全然違う。日本書紀は天皇家の歴史が天皇のために書かれているように読める。古事記には日本書紀にあるのと同じ話も入っています。しかし、内容はぜんぜん違う。古事記では天皇に殺された側に焦点をしぼって語られています。たとえば、ある臣下と御子が天皇の軍隊に攻められて屋敷のまわりをかこまれて死ぬ場面があります。そのときに、戦って矢を葦のごとくに飛ばして戦うのですが最後に矢も尽きて傷ついた臣下が御子に、御子さまもう矢も尽きましたどうしましょう、というわけです。すると御子が、それではわたしを殺しなさいといって、二人は死にました。こんな感じに語られるわけです。そんな屋敷のなかの二人だけの場面を誰がどうやって語っているのか。二人とも死んでしまうわけですから、見ていた者は誰も生き残っていないのでは、と思う。とても不思議なんです。これを日本書紀ではどう書いているかというと、外で天皇が軍隊で囲んで火をつけて焼き殺してしまいました、と書いて終わりなんです。これは従軍記者がどちらについているかという問題ですよね、いわば。つ

まり、古事記の語りには屋敷のなかで二人のやりとりや最期を見ていた誰かがいるわけです。そう考えるしかないですよね。

柳田国男が『平家物語』に登場する俊寛に関わって、「有王と俊寛僧都」という論文などで述べていることですが、俊寛伝説が各地に広がっていることについて、有王と呼ばれる俊寛に仕えていたという人物が旅人となって伝承を伝えてゆくありようを論じていますが、実際に出来事を見ていた人がおり、その人が見聞したことを伝えるというかたちで物語は語られ拡散してゆくのだということを論じています。そのあり方は、いまお話しした古事記の伝承も同じではないでしょうか。つまり、殺されてしまったこの臣下の家来みたいな人物がいて、そういう人間が、わたしが死の現場を見ていました、というように語らないと物語にならない。滅ぼされた側が見たことなんです。だからこそ、死者へ向かっていくんだということが言えるんだと思います。そうでなければ、死の物語というのは語れないところがある。古事記はまさにそういう物語なのだろうと思います。

赤坂　物語にしろ、能のような芸能にしろ、やはり共通の構造みたいなものを持っているのかな、と思うんですね。さきほどから話している第九九話について、能の公演の前座のようなかたちで少し話したことがあります。能では、前半に何か荒ぶるモノが出てきて、後半に神や死者が姿を顕して語ることによって、鎮魂や和解を果たすという構造をもっていますよね。

三浦　そうですね。夢幻能と呼ばれる能がその形式をとって舞われますね。

赤坂　もしかすると第九九話は日本的な物語とか芸能の構造をきちんと踏襲しているのではないか、という想いがあります。三浦さんは古事記と日本書紀はまったく違うといわれる。古事記には死者への鎮魂というテーマが流れている。『平家物語』のような作品もすべて死者への鎮魂というところで作られている。火に焼かれる屋敷のなかの二人の最期の会話なんて、たしかに誰も聞いているはずがない。もしかしたら、中世などは随行僧のような宗教者がついていて、戦場では弔うと同時に彼らが小さな鎮魂の物語を紡いでいたのかもしれない。それがいろんなところに生まれて、やがて『平家物語』のような大きな物語のなかに流れ込んでいくのかもしれない。宗教と芸能を架け渡すことを役割とする人々がいて、彼らが死者の鎮魂にしたがいながら、同時に物語を生み出していたのかもしれないと思います。

三浦　古代で言うと「乞食者《ほかひびと》」という言葉が万葉集に出てきます。「こつじき」と書いて「ほかひ」と読みます。「ホク」というのは祝福するというような意味で、言葉によって祝福する者をホカヒビトと呼びます。いうまでもありませんが折口信夫は、巡り歩く宗教者としてのホカヒビトという存在を芸能者の問題として大きく取りあげていますが、そこには、物語の伝承と死者の鎮魂といった面がきわめて強く結びついているということを考えているのだと思います。それらの芸能や語りは、生きた人間に向けてというよりは、目には見えないモノたちに向けられているはずです。「ほかひびと」について見てみると、語りながら遍歴する人たちです。こういう物語を持ちながら遍歴する人々というのは、ずっと存在していたと思いますね。それは日本だけではなく広く世界的に存在していたと思います。

物語とはなにか

赤坂　そういう物語論の文脈で考えてみると、『遠野物語』が「とおのものがたり」と名付けられたというのはもちろん偶然でもありますが、しかし必然でもあると思います。『遠野物語』にもたくさんの死者たちが登場する。小さな村のなかで生き死にを重ねている人たちの小さな物語がくりかえされる。偶然ではないという気がしますね。

三浦　佐々木喜善と柳田国男とが会った最初の日に『遠野物語』を書くと柳田は言っている。題名は「とおのものがたり」だとこの時点で言ってしまうところが面白い。

赤坂　柳田は当然、「ものがたり」ということに対して意識的な人です。彼の著作のなかで「ものがたり」と付いているのは、『遠野物語』と「木地屋物語」という木地師の来歴を掘り起こそうとした論考だけです。「ものがたり」という言葉を、たぶん柳田は『遠野物語』に使ったがゆえにどこかで封印していたのかもしれません。不思議なことに「ものがたり」と付いているのは二つだけなんです。実際にこのあと説話研究が広がっていくにつれて、「ものがたり」という言葉はむしろ排除されていきますね。表から沈められていく。もちろん、このあたりは三浦さんがご専門ですが……。昔話や伝説や神話といった近代の説話研究の分類が被さっていくことによって、「ものがたり」という曖昧模糊とした、死者というカオスとの対峙の仕方というのが見えなくなってしまったなという気がします。いかがですか。

三浦　おそらく、学問的なジャンルが固まれば固まるほど、説明しきれないことや論理化できないことは排除しないと概念化できないというところがあるのだと思います。当然、すっきりはしますよね。昔話はこういうもので、伝説はこういうもので、と分類したほうが分けやすい。しかし、そこに収まらないものがたくさんあるだろうと思います。あるいは、はざまに置かれたものたちのほうが大切ではないか。柳田が説いた昔話の定義が以降の昔話研究においては絶対的な尺度になる、つまり、信じられるか信じられないかといえば信じられないものであり、あったかなかったかで言えばなかったのであり、昔々あるところにと語るように特定の固有名詞が出てこないのが昔話だというすごい厳密な柳田の定義ができる。ところがのちに昔話研究者たちが沖縄に入る。沖縄に入って昔話採集をすると、柳田の定義通りにはいかない。もっと土地とむすびついていたり、信仰とむすびついていたりしている昔話がいっぱい語られています。そういうものをどうするんだというのが、柳田以降の研究者たちのなかで非常に大きな問題として論じられたりする。ですから、柳田の定義というのはやはり考え直したほうがいい、という方向へいく。これは、当然のことですよね。

物語研究で言うと、国文学——いちおうわたしも国文学者ですが——において物語文学というと、厳密な定義があって、平安朝にかな文字によって書かれた作品こそが唯一の物語文学だとみなされる。つまり、そこでは文字で書かれるというところに主眼をおいている。文字の論理性によって物語を定義づけようとする。当然、『源氏物語』以降の平安時代の物語文学というのは書くという行為が主体になってきますから、そこへ論理が集中していくのはよくわかります。しかし、そのとき本来持っていた「もののかたり」という部分——このときの「もの」は「物の怪」の「もの」ですが——の非常に曖昧な、茫漠とした「もの」ということば自体を完全に捨て去っていこうとする。だから、「ものがたり」というのは「もののかたり」なんだ、「もの」というのは「二流の」ということであって、「モノガタリ」は「正統ではない」語りをいうのだ、とわたしの尊敬している藤井貞和さんが盛んにおっしゃる（たとえば『日本文学源流史』青土社）。しかし、それがなかなか若い研究者たちには受け入れられなかったりします。

赤坂　分類ができない、分類のはざまにあるというのは落ち着かないんですよね。不安を呼び覚ます。結局、生きられた伝承世界というのは混沌としていろんなものが絡み合っているけれども、研究者はそれをきれいに刈り取って提示することを役割としてきたわけです。しかし、つねにそれを突き崩すように、もうひとつの「もののかたり」としての物語がそこに姿を潜めているのかもしれないですね。

三浦　そうですね。

赤坂　わたしは聞き書きの場では、説話の研究者でもないので、ちょっと違った向き合い方をしているような気がします。たとえば、わたしが三二、三歳のころに、はじめて山形県の大蔵村に入って偶然のように聞かされることになった短いお話があります。カッパの話です。はじめての講演でしたが、しどろもどろでどうしようもなくて、じゃあ集まった人たちに話を聞いてみてくれ、と言われたんです。しかし、話を聞くなんてことはとてもできなくて、東北のおばあちゃんたちに冷たい眼でじーっと見つめられながら針のむしろに坐っている気分でした。そのときに困り果てているわたしを救済してくれるかのように、ひとりのおばあちゃんがこんな話をしてくれました。

おれはカッパを見たことがある。若い頃だ。夕方、裏の畑に出てみると、そこにカッパが立っていた。カッパは口にキュウリをくわえてパンツ一丁で立っていたんだ。それは隣りの兄《あん》ちゃだった。

それだけの、本当に短い話なんですが、わたしはこれを超える話をそれからの三〇年間のフィールド歩きのなかで聞いたことがない。真っ芯に突き刺さるような聞き書きでした。それを、民俗学の世界に足を踏み入れてもいないし、何の準備もできないままに体験させられてしまった感じですね。あれは何だったのか、といまだに思い悩んでいますよ。

三浦　うまくできた話ですね（笑）

赤坂　うまくできているように聞こえるでしょ。井上ひさしさんとの対談でこれに触れたときにも、「それはいいオチですね」と言われましたが、でも違うんです。これはそのまんまのお話なんです。わたしは鮮明にその衝撃的な場面を記憶しています。薪ストーブを囲むように、一〇人くらいのおばあちゃんが坐っていました。ほかのおばあちゃんはみんな茫然としていましたよ。都会からやって来た訳のわからん若者が、しどろもどろで何か話している、変なことばかりだ。この村には山女に攫われた話はないですか、とか聞くわけです。いま思えば、本当に馬鹿ですよね。それで、冷たい視線を浴びる。今度はカッパはいませんか、と問いかける。そんなモノいるわけねぇだろう、とおばあちゃんたちは無言で返してくる。ところが、無惨にもお開きになりかけた瞬間、まさに最後の最後になって、そのおばあちゃんがカッパの話をしてくれたのです。そのままです。場がそれからどうなったのか、まったく記憶にありません。ただ、何か村のなかに深々と沈められていた秘密が、禁忌のヴェールを破ってむき出しに顕われたような、あの空気感だけは忘れることができませんね。柳田が佐々木喜善からはじめて「遠野物語」を聞かされたときの衝撃が、少しだけわかるような気がします。

三浦　現場にいたら、いたたまれませんね。

赤坂　ここでは解釈などはしませんが、こういう話はいったいどこに分類されるんですか。これは昔話なんですか、伝説なんですか、神話なんですか。世間話といって済ませますか。隣りの兄ちゃんですよ。

三浦　そういう話は採集のときには無視されるでしょうね。都合が悪いから切ってしまおうと。

赤坂　パンツ一丁も消しますよね。古風じゃないし（笑）。

三浦　昔話採集というのはそういうところがある。わたしも何度か連れて行ってもらいました。宿に帰って来てからみんなでこういう話を聞きましたという報告をする。いまならテープに録音してますから再生して聞かせる。それできれいに語られていないと「削除」と言われて終わりですよ（笑）。

赤坂　削除というか、何はともあれ聞かなかったことにしますよね。でも、『遠野物語』にはこうしたカッパの話と感触が近い話がたくさん収められていますね。

三浦　ほとんどそうと言ってもいい。

赤坂　むしろ、削除とかなかったことにしておこうといったようなお話ばかりを集めているのが、『遠野物語』なんですよね。だから圧倒的に面白い。だからリアリティがある。だから『遠野物語』というのは世界に一冊しかないんです。いろんな土地を歩いてみて『遠野物語』の話をすると、「そんな話だったら、おれの村にもある」という郷土史家に何度か出会ったことがあります。きっと一〇〇年前だったらあったんですよね、どこの村にだって……。でも、いまはもうないんです。こんな風変わりなもの、『遠野物語』しか存在しないんです。それだけに、これは大変な財産になってしまったのだと思います。

三浦　本当にそうですよね。話数が三倍近くもある『遠野物語拾遺』も含めて。

赤坂　わたしはいまじつは、福島県の会津地方で「会津物語」を作ってみたいと思って、仲間の女性たちと「不思議な話」を集めています。すごく面白いですよ。『朝日新聞』の福島版に一〇〇話くらい連載してきました。会津には、狐に騙されたというおじいちゃん、おばあちゃんがたくさんいるということに気が付いていました。それで訪ねていくんですが、最初のうちは「そんなものは知らん」と口が重かったですね。ところが、新聞に狐に化かされた話が次々に掲載されていくわけです。すると、少しずつ「じつはおれも騙されたことがある」といって新たな語り部が登場してきました（笑）。狐に騙された話は三〇から四〇くらい集まりました。そのほかにもいろんな不思議な話が集まっています。

「不思議な話」ならば何でもいいわけではない。条件があります。語り部がだれか、体験したのはだれか。固有名詞がはっきりしていること。どこそこの村の字どこそこのなになにさんが子供のころに体験したとかですね。当然、地名もはっきりしていないといけない。こういうことが『遠野物語』の一〇〇年後にできるのだろうか、と思いながら聞き書きプロジェクトを始めたわけです。会津ではまだ、それができました。会津というのは伝統的な文化や精神性みたいなものが色濃く残っている土地だということもあると思います。ですから、かろうじてできた、間に合ったのかもしれないと考えています。いずれ本にしたいと思っています（――二〇一五年に朝日新聞出版から『会津物語』と題して刊行されている）。

ところで、遠野には毎月通っていますが、とくにお酒の席になると、どの人からもそういう「不思議な話」は次々に出てきますね。当たり前のように出てきます。そういう「不思議な話」には価値がないとされるようになってから、語られなくなっていますが、もう一度、『遠野物語』の誕生の現場である遠野で、固有名詞のはっきりしたかたちで「不思議な話」を集めてみたいなと、じつは思っています。ただし、すごくむずかしいでしょうね。

三浦　昔話というのは、つくづく思うのですが、子どもたちにとって一番最初に体験する物語世界ですよね。伝達手段としてのことばではない、もう一つの機能としての言葉というのを身につけるのはおそらく昔話だったのだろうと思うんです。耳だけで体験することによって想像力をふくらませることができる。これが、昔話の一番大きな役割だった。物語をたくさん聞くということは、たくさん語れるということでもありますよね。だから、豊かに物語が生み出せるというのは明らかに自分自身というものを作っていくうえで欠かせない行為だったのだろうと思います。その語りの場が絵本や映像に替わっていくのが近代だった。良い悪いは別にして、かなり変わってしまったんだろうと思う。これは、はじめのほうでも言いましたが共同体のつながりみたいな問題とも関係してくる。昔話の持っている役割というのは、わたしたちが思っている以上に大きい力をもっているのではないのか、そんなふうに思っています。

第4章　語りの世界を旅する——古事記と風土記から

赤坂　三浦さんの『口語訳古事記』（文藝春秋）が刊行されたのはいつでしたか。

三浦　二〇〇二年ですね。

赤坂　古事記の持っているある種の反律令的な性格みたいなものを、三浦さんは『口語訳古事記』のなかでくっきりと提示されました。あえて存在しない語り部の老人を登場させるといった、奇想天外とも思われる仕掛けを凝らした現代語訳というかたちで、それは鮮やかに示されています。戦前においては、日本書紀と古事記を並べて天皇家の「正史」を物語る「聖典」のような位置づけがなされていたことに対しても、三浦さんは痛烈な批判を投げかけています。わたしは『口語訳古事記』を読んだときに、「不敬」の匂いを感じましたね。

『口語訳古事記』以降の三浦さんのお仕事を拝見していて、かなり大きな見取り図がみえてきたように思います。反律令的な色合いをもった古事記というものと日本書紀の関係をどう考えるか。

あるいはそこに風土記を配したときにはどうか。古事記、日本書紀、風土記という三つの書物のもっている磁場というのは、想像以上に複雑怪奇です。だからこそ、古事記独特の語りの位相というものがありえた。こうしたことがかなりはっきり見えてきたのではないか、と思っています。

まず、あらためてお聞きしたいのですが、三浦さんは古事記、日本書紀、風土記の三つの書物の関係の見取り図をいまの段階で、どのように描いているのでしょうか。

三浦　いま赤坂さんがあげた三つの書物は、「記紀風土記」という呼びかたでこれまで並べながら考えられてきました。とくに古事記と日本書紀は双子のようなかたちで扱われてきました。それが戦前の皇国史観を作っていくうえですごく大きな役割を担っていたということがわたしはずっと気になって仕方がなかった。随分前からそのことは考えていました。では、そういう問題意識を前にしたときに、古事記と日本書紀の関係をどのように捉え直したらいいのか。

歴史書として読んでみるとこの二書は内容がぜんぜん違います。同じ話、たとえばヤマトタケルの話でも、それをどういう視点からとらえるかというのがまったく違うわけです。その違いがどこに起因しているのか、ということをきちんとおさえ直す必要があります。そうやって古事記と日本書紀と風土記というそれぞれの書物の立ち位置みたいなものを明確にしていくと、どうやらこの三書のなかで古事記だけが仲間外れになっていく。最初にそのことを意識したのは一九八〇年代の終わりから九〇年代の初め頃です。そのころは歴史書の歴史認識ということに興味がありました。とくに日本書紀はどういう役割を持っていたのかということを調べて、いろいろと文章を書いたりしていました。その時期に感じたのは、やはり律令国家のなかで求められている歴史というのは日本書紀なんだということです。日本書紀というのは中国の歴史書をそっくり日本にうつそうとしたものだろうと思います。つまり「日本書」という書物の一部としか考えられないということになります。これは中国史家の神田喜一郎さんが指摘していることですが（「『日本書紀』という書名」日本古典文学大系『日本書紀　下』月報、岩波書店）、日本書紀は明らかに「日本書」の「紀」なんです。

「紀」というのは皇帝の歴史です。つまり日本書紀は皇帝つまり天皇の歴史をつくろうとしたわけですね。そう考えると風土記は地理志となる。「紀」「志」「伝」という日本書の構想があったことがここから想像できるわけです。

赤坂　「伝」というのは何でしょうか。

三浦　「伝」とは簡単にいえば「列伝」のことで、伝記です。功績のある臣下や皇子たちがどのような活躍をしたか、といったようなひとりひとりの人間の伝記になります。皇帝の歴史である「紀」、臣下の記録である「伝」、それから「志」です。「志」は地理志だけでなく、同時代の記録でもあります。ですから、政治の記録や芸術はどのようなものがあったかや、そうした同時代の文化が列記されているのが「志」です。この三つがないと国家の歴史にはならないというのが中国の認識だと思います。日本でもそれが目指されていたけれども、どうもうまくいかなかった。「地理志」の材料を集めようとして、地方の諸国に、いわゆる風土記の編纂を命じたけれども結局できなかった。

「伝」も少しずつ作られようとしていたようですが、全体はまとまらなかった。その痕跡の一つが浦島子の話です。「浦島子伝」はあきらかに「伝」のひとつです。「日本書」の「伝」のなかに浦島子の物語が入るはずだった。どうしてああいう人物が入っているのかというと、中国の「漢書」

のなかには仙人の記述があるんですね。ですから、日本でも仙人の一人や二人いるぞ、と主張しないと中国と肩をならべられないわけです。わたしは「浦島子伝」はこうした動機から創作されたフィクションだと思っています。当時の学者たちは、「紀」「志」「伝」という三つの柱を立てて、歴史書をつくろうとしていたのだと思います。しかし、結局は「紀」しか完成しなかった。このように捉えなおすと風土記の位置づけというのはある程度理解できます。

さて、ここに古事記を入れるとしましょう。そうすると律令国家のなかで古事記はまったく立ち位置がないことに気付かされます。古事記だけ仲間外れなんです。内容的にもそうでしょう。あんなに面白いものは、国家の歴史たりえない。ところが、近代国家はそうした面をうまく利用した。記紀という呼称で二つの書物をつなぎあわせることで、つまらない天皇の物語を古事記的な俗っぽい物語とミックスしながら近代の天皇制を下支えするための歴史をつくっていった。わたしはそう考えています。

赤坂　「地理志」の素材として集められたものをわたしたちは風土記として見ている、と考えたわけですね。

三浦　そうです。風土記で現在残っているのは五か国、ほかに逸文として残っているものがあります。もし仮に六十数か国のすべてが集まったらものすごい量だったと思うんですよ。

赤坂　すごい量でしょうね。

三浦　中国の地理誌も大きなものですが、中国にはきっちりした史書の観念があってつくりかたは慣れていたでしょう。しかし、当時の日本でそういう大量の資料をどこまで整理できたか。日本書紀の編纂に関しては、だいたい半分くらいがネイティヴの中国人が書いているということが文字の研究から証明されています。日本人が日本訛りの中国語で書いた巻と中国人がネイティヴな中国語で書いた巻が存在します(森博達『日本書紀の謎を解く』中公新書)。これはそれぞれの巻を研究して、言語学者がきちんと分けています。つまりこのことからわかるのは、律令国家の歴史編纂所のなかには専門家の中国人がたくさんいたということです。それでもやはり全国から集まった雑多の報告書としての「解」(下級官庁が上級官庁に提出する報告書をいう。ここは、いわゆる「風土記」のこと)をどのように整理するか、というところまではいかなかったのではないか。これは曖昧な推測ですが、わたしはそのように考えています。

三浦説に対する反応

赤坂　いま三浦さんが説明してくださった日本書紀、風土記、古事記の関係というのは、うかがっていてとてもすっきりと理解できる。記紀神話と言われていて、だからわたしもそうだと思っていましたけれども、どこか何か違うよな、とも感じていた。古事記というテクストを読みながら、それを補完するために日本書紀を参照してみるというようなことは、ほとんどの研究者が当たり前にやっていることですね。古事記と日本書紀はひとつの神話世界を共有しているという前提のなかで、「日本神話」の解釈や研究がおこなわれてきたし、いまもおこなわれている。だから、古事記と日本書紀を切断するということが、いまの学問状況に対してどのような意味を持つのか、この点が非常に気になりますね。

三浦説を受け入れることは、非常に合理的だとわたしは思います。さまざまな疑問点をしらみつぶしにしていって、混沌とした三つの書物の関係を理解するためには、こういう前提条件を認めて受け入れてみればいい、という問題提起なんですね。ですから、きわめて合理的でわかりやすいのです。この三浦さんの提示する理解の仕方に対して、上代文学の研究者たち、あるいは古代史の研究者たちがどのように応答するのか。この点に非常に関心があります。

三浦　文学の研究者というのは、とくに古代文学をやっていると、どうしても歴史学や考古学や民俗学といった領域に親和していく。ですから、文学だけでなくそうした広がりをもって文学の世界を理解しようとしているといえると思います。それに対して歴史学というのはものすごく強固なディシプリンがある。歴史学は国文学に親しもうなどという意識はあまりない。歴史学者はなぜ古事記と日本書紀のふたつの歴史書があるのかなんてほとんど考えません。文献史学者が資料として多くつかうのは日本書紀なんです。古事記はほとんど無視している。なぜかといえば、歴史学者がやっている中心が国家史だからです。国家史でしたら、正史としての日本書紀です。そういう立場が強いから、ちょっと怪しげな古事記というのは歴史学ではあまりかえりみられない。とくに、戦前の「記紀」史観に懲りているところがありますからね。

国文学の反応もよいわけではありません。そうしたなかでゆいいつと言っていいと思いますが、呉哲男さんが独自の見解を示しながらわたしに反論しています。それは、中世キリスト教についての神学研究から出ているのですが、「王の二つの身体」という考え方を古事記と日本書紀との関係に援用した認識です。呉さんによれば、「書紀が王の身体の公共性（共同性）を、古事記が王の身体の私性を重視」しており、そうした二つの方向性の違う書物だから共存しうるのだというふうにとらえています（『古代文学における思想的課題』森話社）。しかし、壬申の乱というクーデターを経て王権を簒奪した天武にとって、こうした二面性はとても危険であり、王権を安定的に維持する上で有効性をもたないのではないかとわたしなどは考えてしまいます。

赤坂　それはとてもよくわかりますね。古事記が「王の身体の私性」に深くかかわるといった解釈は、構造論的にはとても魅力的な理解だと思います。しかし、それがただちに、古事記が日本書紀と並んで、古代の王権にとってみずからの正統性を証し立てるために必要な神話テクストであった、ということの実証的な裏づけになるかといえば、留保が必要ですね。つまり、なぜ古事記というテクストは産み落とされたのか、という問いは手つかずで残されてしまう。まあ、三浦説でも、古事記の成立過程については曖昧模糊としていますし、おそらく史料がほとんど無きにひとしい状態ですから、確固とした解釈そのものがありえないのでしょう。呉哲男さんの研究と三浦説とは、むしろ相互補完的な関係になりうるのかもしれないと思いますね。

さて、ここまでは古事記にかかわる議論ですが、風土記についてはいかがでしょう。風土記は日本書の「志」の部分として集められたものだと、さきほど三浦さんはおっしゃいましたが、この風土記についての理解に対して、とりわけ歴史学の人たちはどんな応答をされるのですか。文献史学は古事記をほとんど無視しているということでしたが、風土記についてはいかなる態度を示すのか。

三浦　風土記を総体として認識しようとする人は少ないと思います。地方史を研究している人たちにとっては、風土記が残っている地域でしたらたいへん貴重な資料になります。具体的にその土地のありさまがわかりますし、いま現在も残っている地名はたくさんあります。この点からすると地方史研究者には風土記は宝の山として扱われます。一方、風土記全体がどうか、というかたちで歴史学がとらえる視点はあまり打ち出されていないのではないかと思います。わたしが知らないだけかもしれませんが。また、文学研究においては、個別の伝承として表現や構造を分析したり、他の文献と比較したりする時に、便利に利用することが多いですね。

赤坂　なるほど、そうですか。日本書紀は国家史の一級資料としてずっと読まれていくわけですね。そこにあえて古事記というノイズを摂り込むという必要を歴史学者は感じないのかもしれません。歴史学は日本書紀、国文学は古事記をそれぞれに主要な準拠枠にして、解釈に詰まったときにだけ歴史学は古事記、国文学は日本書紀を補完的に使うといった棲み分けが無意識に行われているのではないか、などと思いたくなりますね。三浦さんの問題提起は、そうした近代の学知が抱え込んできた無意識に対する痛撃だと思いますね。ところで、三浦さんは『古事記のひみつ』(吉川弘文館)で論じられていますけれども、たとえば古事記の偽書説というのをテーマにしているのは国文学者だけなのでしょうか。

三浦　いまのところはそうですね。でも、国文学者でもほとんどいない(笑)。わたし以外には、大《おお》和《わ》岩雄さんの執念ともいえる偽書論があるだけでしょう。大和さんは国文学者ではなく、在野の歴史学者で、どちらもまったくの異端ですね。

さきほどの質問と関わりますが、わたしの考え方が受け入れられにくい原因は、古事記がすこしいかがわしいよね、と考えると、必然的に態度としては古事記の序文を疑ったり批判したりしないといけないということがあります。古事記の序文を批判するとしますと、和銅五年成立説、すなわち天武天皇が自らの口で、つまり口頭で伝えたという記述を拒否しないといけない。だから、古事記の序文があやしい、という説をひきうけないかぎり、さきほどから整理しているわたしの考え方には乗れないわけです。

赤坂 そこなんですよね。歴史学の人たちは、古事記の序文に和銅五年とあれば、和銅五年という年号が信頼できるものだという前提からはじめるわけですよね。民俗学でもそうですが、国文学の世界でははっきりと、年号などいくらでも偽造できるという前提で向かい合うのが当たり前でしょう。

そうした文書に、たとえば家の記録がありますね。青森県の和田家で発見されたとされる「東日流外三郡誌」という文書は偽書である上に、後からの書き込みがあるんじゃないか、と言われている。そもそも家の当主の名前、「〇〇又衛門」のようなものは代々引き継がれます。不思議なことに、どうやら又衛門という名前を引き継ぐと憑依するらしい。祖父や父親たちが代々にわたって記録者としてかかわってきた家の文書があれば、又衛門を襲名したときから、その名前で文書に書き込んだり修正を施していく。それが家の歴史になっていくわけです。そういうことに気づいたときから、文書などの年号については一定の留保が求められるのだと考えるようになりました。あえて憑依といってみましたが、それは語り部の一族といったものを想定したときにも当てはまるはずです。まさに代々の語り部の記憶のすべてが、当代の語り部のなかに凝縮されて重層的に見いだされる。それでいて、はじまりの年号などはそのままに残され継承されていく。だから、そうしたテクストの考証を厳密にやったうえで研究に取りかからないと、痛い目に遭いますね。

太安万侶と多一族の謎

三浦　古事記偽書説というのは江戸時代からあります。じつは賀茂真淵も古事記の序文はおかしいと言っていたのですが、本居宣長はそれを聞かなかった。その宣長の『古事記伝』刊行以降も偽書説は多田義俊のような神道家などによって主張されています。近代に入って、政治的に古事記が大きな役割を担うことになっても偽書説はありました。たとえば、一九二〇年代、昭和初期には折口信夫も序文は怪しいということを述べていたのです。そうした流れは、戦時中になると、いったん下火になります。古事記偽書説など主張すると非国民どころか国家や天皇制の否定にも繋がりかねませんから押さえつけられるわけです。それがまた、戦後になって大きく噴き出してきます。筏勲、藪田嘉一郎などの古事記偽書説があり、国文学者の神田秀夫などは、古事記本文を護るためにも序文は切り捨てるべきだと主張しました。その後も歴史学、国文学、神道史などの学者によって偽書説は続き、古代史についての著作の多い作家の松本清張も偽書説に与していました。多くの場合偽書というのは序文を対象にした見解ですが、本文も新しいとみなす研究者もいました。大和岩雄さんなどはそうした見解に属する一人です。わたしが研究をはじめた一九七〇年代の半ば頃は、けっこう古事記の成立や偽書論がにぎやかだったのです。そして、その多くは、国文学や神道系の人であり、歴史学寄りの人はそうした議論にはあまり参加していなかったのかもしれません（このあたりの問題は、大和岩雄『新版　古事記成立史』（大和書房）や斎藤英喜『古事記　不思議な１３００年史』（新人物往来社）など参照）。

赤坂　戦後の議論も、太安万侶の墓誌が見つかったことで下火になりましたね。

三浦　そうですね。まさにあの銅板墓誌が印籠になりましたね。一九七九年一月二三日に奈良市の郊外の茶畑のなかから太安万侶の墓誌が見つかったことで「ほらみろ、太安万侶は実在するじゃないか、だから古事記は本物だ」ということになった。そんなバカな話はない。もし発見された墓誌に、古事記を編纂した太安万侶が亡くなった、と書いてあればいいですよ。しかし、そんなことは墓誌には書かれていない。太安万侶という人物が実在したということは『続日本紀』にすでに書いてあることで、みな知っていました。

太安万侶の墓誌発見までは古事記偽書説が非常に盛んだったんです。しかし、墓誌発見の翌日の各新聞の朝刊一面トップに、大きな見出しで「古事記は実在した」と出た。これで偽書説は完全に吹っ飛んでしまいました。その頃のわたしもそうですが、研究者というのはバカなものです。みんなそう思い込んでしまった。

赤坂　三浦さんは古事記の序文は九世紀のはじめに書かれたと主張なさっていて、たいへん面白いと思います。日本書紀の注釈書のなかに古事記の序文とそっくりな部分が出てくるんですよね。

三浦　『日本書紀私記』あるいは『弘仁私記』と呼ばれる書物です。さきほどふれた大和岩雄さんが面白いことをおっしゃっている。九世紀のはじめの弘仁年間に多人長という人物が日本書紀の講書をするんです。講書というのは講義のことです。役人は歴史と法律はおぼえる必要があります。ですので、詳しい人物が講義をします。その弘仁年間に多人長がおこなった講義の記録が『弘仁私記』として残っているのです。そこには古事記の序文の一部がどんと引用されている。これが古事記の序文のもっとも古い記録です。この多人長という人は太安万侶の子孫らしい。太安万侶というのはもちろん実在の人物ですが、はたして元明天皇から命令をうけて古事記を編纂したということがどこまで真実かというのは、証明する手立てが一切ない。そこで大和さんは、こうした事実をふまえて多人長が古事記の序文をでっちあげたのではないかと主張したのです。わたしもこの大和さんの説は間違いないのではないかと思います。ちなみに、太氏は平安時代以降は多氏として表記されます。

そう考えると古事記というのは太(多)一族に関わって伝承されていたものなのではないか、という想定ができる。多一族はいまも宮内庁の楽師をつとめている一族です。つまり芸能や祭祀に関わる一族です。芸能にたずさわっていたということは、ようするに宗教者でもあるわけです。

赤坂　それはたいへんに面白い話ですね。多一族の研究というのはあるのでしょうか。

三浦　稗田阿礼にくらべると、太安万侶や太(多)氏についての研究は少ないですね。というのは、安万侶は墓誌が出るまでもなく『続日本紀』などの歴史書に名前が出てくる実在人物で、しかも、民部卿(民部省の長官)といういまで言えば大臣クラスの高級官僚で謎も少ないからでしょうか。奈良時代はじめのたいへん有能な官僚だったのだと思います。そして当時の官僚は学者でもあるわけで、その子孫（孫か曽孫）が、先にふれた多人長でしょう。平安時代になると太氏は多氏になりますが、彼も学者です。そうした、官僚学者の一族として太氏は続いたのでしょうが、もとは、奈良盆地の中央部、現在、多神社の建っている奈良県田原本町多のあたりを本拠とする氏族だったのだと考えられています。そこは、弥生時代の巨大遺跡である唐古鍵遺跡の近く、非常に早くから奈良盆地のなかで拓けた地域であったと考えられます。そして、太氏は、祭祀にかかわり、その関係で芸能にもかかわる一族だったと考えられます。というのは、この一族は、宮中の大歌所（雅楽寮）に所属する楽師であり、現在も、宮内庁の楽部にいる多氏につながっているのです。そうした太氏一族が、国家の正史とは離れて古事記を伝えていたとすれば、歴史を語り継ぐ家の問題としても、とても興味があることではないかと考えられますが、それ以上に詳しいことはわかりません。

赤坂　折口信夫は多氏について何か言っていなかったでしょうか。

三浦　残念ながら、折口は太安万侶や太氏については何も論じていないと思います。稗田阿礼については、当然、芸能者の問題、語りの問題としていろいろと論じていますが。

わたしとしては、古事記の背後には、折口がいうような、語りや芸能、そして乞食者（ホカヒビト）のような巡り歩く宗教者、神話を伝えて歩く芸能者があり、それらの存在と古事記は強くつながっているのではないかと考えています。太氏や阿礼について何か言えるとすれば、そうした問題と古事記の成立との関係を追っていくしかないと思います。いまのところまったく先に進んではいませんが。

語りの系譜と文字の系譜——稗田阿礼とは誰か

赤坂　一九七〇年代から八〇年代あたりですが、「文字と語り」の問題がきわめて先鋭に論じられた時期がありましたね。『平家物語』はもちろん、古事記や『源氏物語』にも「語り」という側面に光をあてないと見えないことがある。こうした潮流は一時、非常に盛り上がりましたけれども消えてしまいました。

三浦さんがこれまでやってきたことは、古事記の異形性のようなものを剥き出しにしていくプロセスであったともいえるかもしれませんね。文字による歴史叙述としての日本書紀の系譜に対して、古事記はそれをひっくり返すような語りの側になかば位置づけられる。古事記が日本書紀のかたわらに、わけのわからない素姓の不確かなテクストとして置かれているという構図は、非常に意味深いものがあると思いますね。こうした問題は折口信夫の「巡遊伶人論」などともつながっていくでしょう。そうすると、古事記の元になった旧辞を語ったとされる「稗田阿礼」とは、いったい何者なのかという問いがあらためて浮上してくるかもしれませんね。

三浦　そのとおりです。

赤坂　稗田阿礼という人物は系譜的にはまったく確認できないらしい。同時代の資料にも名前がまったく出てこないわけですね。稗田阿礼という語り部はいったい実在したのか。フィクションとして仮構された人物だとしても、アメノウズメを祖神とする猿女氏の一族である稗田一族とされ、阿礼という名前であることはけっして偶然ではないでしょう。「稗田阿礼」がどのようなフィクションのもとに作り出されたのか。いまの時点で三浦さんはどのように考えていますか。

三浦　稗田阿礼について、いま赤坂さんがおっしゃったように、たとえば西郷信綱さんは猿女氏とむすびつけて考えています。柳田国男もそうですね。そして、その猿女氏の流れが小野小町伝説などにかかわる小野氏だと柳田は考えています。もしそれが正しいとすれば、稗田氏はまさに芸能者の一族ということになります。そして、柳田さんも西郷さんも、稗田阿礼女性説をとっています。そのようなかたちで、芸能的な伝承の一族として、稗田阿礼が考えられるのであれば、とてもわかりやすく興味深い。ただ、稗田阿礼という人物は序文にしか登場せず、序文には二八歳の舎人とあるので、それを信じれば男です。もちろん男でも伝承者はいますし、むしろ男のほうがそもそも正統な語り部だったかもしれません。たとえば、出雲国風土記に出てくる語臣猪麻呂という存在がすぐに思い浮かびます。わたしは、序文は偽書だと主張していますが、その偽書のなかに安万侶や阿礼が出てくる意味を考えることはきわめて大事です。そして、偽書か否かを別にして、序文の説明がどこまで通用するのか、あるいはしないのかを含めて考えないといけません。

古事記の本文は変体漢文で書かれています。そのテクストの底にあるのは語りの世界です。それが文字化される。もちろん、その過程は一筋縄ではいかず、幾通りもの段階があるはずですが、音声的な語りが文字化されて整えられていく。その語りの世界において、多氏や稗田氏あるいは猿女氏などが関わっている。王権をとりまく芸能者・宗教者たちの世界をうまく抽出することができれば、謎の人物である稗田阿礼の説明もできるのではないかと思います。

稗田氏は、古事記「序」以外の古代の文献にはその名が出てこないために、素姓はまったくわからないのですが、多人長は『弘仁私記』の序において、稗田阿礼は「天細女之後也」と注記しています。それを信じれば、猿女氏と同族だということになりますが、それ以上の追跡はむずかしいのです。

また、さきほど赤坂さんがおっしゃった「文字と語り」の問題。一九六〇年代終わりから七〇年代初めに古代文学研究に足をつっこんだわたしにとって、「語り」という問題にはものすごく強い影響を受けています。わたしの仕事は音声の表現を抜きに考えられない部分があります。ですので、沖縄に行ったり、アイヌの伝承研究に関わったりしていきました。そうすることで古事記の背後にある語りの世界というのはいったい何なのかということを考えたかった。たとえば、兵藤裕己さんの研究などもそうですが、いろいろな分野で音声表現や語り論というのはあったのに、それがいつの間にやら冷めてしまった。

赤坂　たとえば、山本ひろ子さんが花祭の祭文や神語りの研究のなかで、徹底して文字史料を拾いあつめて、そのテクストの読み解きから祭りのコスモロジーを再現するということをやられましたね。祭文や祭りの詞章などはどうやら文字と語りのあわいに見いだされる。とりわけ、語りの背後に秘蔵された文字テクストというものが、祭祀や宗教儀礼にかかわる権力の特権性を保証する手段であったらしいことに、わたしは関心を持ってきました。文字として記録された語りが宗教的なアイデンティティの核となって、しかも特定の祭祀者以外には読まれないような秘匿というかたちで伝承されている。「語りと文字」というテーマの深みには、こうした複雑にして幾重にもよじれた関係が見え隠れしているような気がします。

三浦　文学というのは文字です。文字はたしかに「いま」あるわけです。対して、語りはいまここにないわけです。古代の音声はありませんから。

研究者は文字という確かなものが存在する範囲でしかたしかなことは言えない。ここを超えることはタブーです。ですから、それ以上のことを言うのは普通は断念する。断念しないのは妄想家だ、と言われる（笑）。わたしは、文字でいけるところはここまでだという限界があっても、これより先に語りがあったのではないかと考える。では、その語りはどのようにあったのだろうと考えようとする。しかしこうした方法をとるのは、文学研究者としては失格というところがあるかもしれません。折口信夫にもそうした問題がつきまとうでしょう。

いま古代文学研究の分野でいうとこうした不可侵の領域にもっとも踏み込んでいるのは斎藤英喜さんではないでしょうか。中世的な呪術の世界に入り込んで、古代文学研究者なのか呪術研究者なのかわからないところにまでいく。境界領域に踏み越えていくとそういう世界に入り込んでいくしかない。ミイラ取りがミイラになる危険ももちろんあります。しかし、ジャンルをとっぱらってしまえばいいんですよ。国文学者であろうとし続けなければいい。

赤坂　カスタネダになるということなのかもしれない。もっとも、わたしなんかは最初から、そういう学問とかアカデミズムとかの身分保障のない世界で孤独にやってきましたから、まったく関係ないといえば関係ないのですが（笑）。いつでも民俗学者であることをやめる覚悟だけは出来ていますから。

赤坂　「文字と語り」の関係はしかし、予想されるほどには単純でなくリニアなものでもありませんね。おのずと留保が求められるのです。語りの文字テクスト化という単一モデルにすべてを還元して済ますわけにはいかないということです。この「文字と語り」の関係を考えるうえで、いま例として挙げてみたいのがオシラ神祭文です。『遠野市史』には漢文で書かれたものが収録されていますが、非常に長い文章です。一八世紀くらいの資料でしょうか。いわゆるオシラ神の伝承には、大きく分けて三つのものがあります。まず漢文で書かれたオシラ神祭文、そしてイタコ系の巫女たちが語ったという祭文、さらに『遠野物語』第六九話のようなきわめて民話化したオシラ様の昔話です。

盲目のイタコたちがはたして、みずからが語っていたオシラ神の祭文を創作することができたかというと、それはむずかしいでしょう。遠野地方では、イタコは山伏と夫婦関係にある場合が多かったようです。山伏たちは野にあって最高の知識人だったわけですから、いろいろな文献の知識を寄せ集めてオシラ神祭文をつくることができたはずです。漢文のオシラ神祭文はあきらかに、中国古代の小説集『捜神記』などを知っていた山伏たちが創作したものであり、さらに山伏がそれを妻であるイタコたちに与えて語りもの化したものと考えられます。そして、そのイタコの祭文語りがくりかえされているうちに、オシラ神祭りを主宰する家巫女たちによって昔話へと置き換えられ定着していった。そう、わたし自身は想像しています。こうした流れが三種類のオシラサマの話から見えてきます。これは『遠野物語』に収められた昔話としての「オシラサマ」を起点とした場合には、けっして見えてはこないものです。

いわば文字テクストが語りもの化する、もうひとつのモデルですね。『平家物語』も信濃前司行長が書いたともいわれていますが、知識人がまず文字テクストとして作成し、それを盲目の語り部たちにあたえて、彼らがその物語を語ったという。こうした説明をただちに退け否定することはむずかしいでしょう。なにしろ語りは痕跡を残さない。声の届く狭い場のなかに、つねに一回限りの生きられた語りとして消費されている、それが宿命のようなものです。『平家物語』にもテクスト以前があり、盲目の琵琶法師による小さないくさ語りが集められて、いつしか文字テクストへと生成を遂げていくプロセスが想定されてきました。わたしはそうした手探りの仮説に大いに魅力を感じてきましたが、それを実証するのはやはりむずかしいでしょう。

ここで話を戻したいのですが、それでは古事記についてはどう考えればいいのか。古事記の序文はフィクションかもしれませんが、そこにはなぜか、稗田阿礼なる語り部による語りを文字化して編纂したものがこのテクストである、という定型的な解釈が沈められています。稗田阿礼の存在がそもそも不確かなものですが、そこに語りから文字テクストへの転換という力学が働いていたことを暗示するものとして、どうしても稗田阿礼という語り部が象徴的に必要であったのかもしれないと考えることはできますね。こうした可能性に対して、序文に懐疑的な三浦さんは否定的なのでしょうか。

三浦　さっきもふれましたが、序文を偽書とみるわたしにとって、太安万侶や稗田阿礼という存在をそのまま取りあげて論じるのは、立場上矛盾してしまいますからむずかしいのですが、序文に書かれていることを、「文字と語り」という命題として考えれば、大きな課題として浮上するし、解決しなければならない問題になります。そして、古事記というテクストはおそらく背景に「語り」を潜めているとわたしは考えています。このことに反論する場合、古事記は「語り」を内在化させて書かれているのであり、語りをテクスト化したものではないという反論が可能です。しかし、そうした反論はいかがなものかと感じます。わざわざ「語り」を内在化させる、すなわち、「語り」の論理で文字化していくというような高度な文章技法がどうして使えるのか、という疑問が当然できます。

赤坂　そうですね、そうした語りの内在化にすぎないといった反論は、やはり近代的なロジックによる逸らしのような気がしますね。それでは、なぜ稗田阿礼という語り部が仮構されねばならなかったのか、と問い返さねばならない。稗田阿礼というフィクションはどこからやって来るのか。歴史とはそもそも語り部の管轄下に置かれていたからだ、と考えるしかないでしょう。

三浦　稗田阿礼が猿女の末裔であるという柳田国男や西郷信綱の見解は、文字テクストに先行する音声による語りを考える場合に、とてもわかりやすい論理付けを可能にします。それは、たとえば、『古語拾遺』を表わした斎部広成《いんべのひろなり》が、その序のなかで、けだし聞くとして、「上古の世に、いまだ文字あらざるときに、貴賤老少、口々に相伝へ、存して忘れず」と言い、文字を持って以降、「古を談《かた》ることを好まず」、上辺だけが華やかなものが次々にあらわれて「旧老」は笑われるばかりだと言って嘆きます。一〇世紀に生き、没落への道をたどる祭祀氏族の頭領である広成の嘆きですが、ここにある「いまだ文字あらざるときに」という物言いには、文字以前にあった語りの世界への懐古趣味たっぷりの思い入れがあるのでしょう。そうした認識は古事記「序」にもありますから、九世紀の人、多人長も広成と同じように、古の語りを幻想していたということができるでしょう。そこに、「天鈿女之後」として多一族のなかで伝えられていた稗田氏の末裔である阿礼という人物が引き出されてくるのは十分に納得できることです。実在か否かは別にしても。

そして、そのこととは別に、音声による語りを担う人々が、出雲国風土記に出てくる語臣猪麻呂という人物や、「ほかひびと」と呼ばれる人たちなど、さまざまな面から、クニのレベルとしての王権や、村落のなかにも語り部や芸能者たちは存在したと想定せざるをえないと考えています。ただし、それがどうやって古事記というテクストになっていくのか。これは、簡単なことではないはずです。段階がいくつかあるかもしれないし、あるいは、断片的におこなわれたかもしれない。少なくとも「語り」の世界から古事記へ、という流れのなかにはいくつもの組み換えがおこなわれているはずです。

古事記のなかには「旧辞」や「帝紀」といった言葉が出てきます。こうした言葉から、古事記以前に書かれたものがあったことは想定しておいたほうがいいと思います。日本書紀と古事記を見ていくとどうももともと同じ源流から出ているだろうと思われる伝承が多い。そうすると、あるXというものがあって、そこから古事記にいくルートと日本書紀にいくルートとがどこかの段階で枝分かれしている。ではもとのXの部分はいつごろ、どのようなかたちであらわれてきたのか。そして、大事なことは、Xもまた多様にいくつもあったことでしょう。

赤坂　歴史の文献史料のなかには、そうした古事記と日本書紀の共通のルーツであるXは出てくるのでしょうか。

三浦　「旧辞《ふること》」とか「帝紀」とか呼ばれる名称としてしか存在しません。ただし、これも本当にあったかどうか疑えばきりがない。しかし、歴史的にいえば六世紀の終わりから七世紀の初めくらい、推古天皇や聖徳太子の時代ですが、このころに国家の歴史をまとめようとする意志が出てきていることは確かです。この時期というのは律令国家の黎明期です。少なくとも古事記や日本書紀という書物があらわれる一〇〇年くらい前には何らかのかたちで文字化されたものがあったのだろうと考えるのはごく自然なことではないでしょうか。

音声による「語り」の問題を踏まえて、こうした歴史を考えれば、元になる語りは五世紀や六世紀まで原型的にはさかのぼっていく。その「語り」の世界にどうやってたどりつけるか。「語り」の世界と現在は残っていないが書かれたであろう最初のテクストの関係はどうなっているのか。わたしにはこの謎はいまは解くことはできませんが……。

テクスト以前の世界を想像できるか——くりかえされる「文字と語り」の問題

赤坂　旧辞と書いて「フルコト」といっている世界には、文字のテクストを編もうという動きや欲望があった。そして、その前段にあるのは語りですね。つねにこの「文字と語り」の問題は反復されている気がします。もしかしたら、文字化するという欲望こそが、語りを語りとして顕在化させているのかもしれない。

三浦　以前にもどこかで書きましたが、古事記の成立というのは、その序文に従えば遠野物語の成立と同じなんです。佐々木喜善と柳田国男との関係は、インフォーマントと官僚の関係です。これは稗田阿礼と太安万侶の関係とまったく同じです。

赤坂　まったく同じですね。

三浦　そうすると、いま赤坂さんが言った語りの顕在化ということで言うと、遠野物語という作品は柳田国男が顕在化させたわけですよね。

赤坂　ほんとうにその通りですね。まったく意識していませんでした。らっきょうの皮むきのようにたどりつけない。

三浦　だからこそ、ある意味で断念するということもわからないではない。しかし、どうしてもむいていきたい。あまりいいことではないかもしれないけれど、起源論にいく人間はこういうところがある。

赤坂　わたしは必ずしも起源論を求めているわけではないのですが……。文字が登場する以前の語りというのを、われわれはうまく思い描くことができないじゃないですか。

三浦　そうです。そういう世界はいまありませんし、体験したことがありませんから。

赤坂　しかし、文字が登場する以前の語りの世界は確実にありました。語りだけの世界にあっては言葉というのは常に一回性ですよね。音声として発話された瞬間に消えていく。川田順造さんが文字を持たないアフリカのモシ族の研究をされました。モシ族の人々にとって歴史、王の年代記は太鼓の音で表象されるものなんですよ。太鼓の音で過去の王様の記憶が蘇らせられ、部族の人々によって共有される。どうして太鼓の音でそんなことがわかるのか、われわれの感覚ではわかりませんが……。

三浦　川田順造さんのお仕事にわたしもとても大きな影響を受けています。しかし、わたしは太鼓の語る王の歴史が成立するためには、一方で太鼓の音を共有するための、説明のようなことばによる伝承、つまり語りが必要なのではないかと感じます。でないと太鼓の音と王の記憶は重なっていかないのではないか。太鼓を打つということは儀式としてあって、もう一方でそれを支えている語りの場がある。この太鼓の音は、あの王様のこういうことを打っているのだ、という説明をする役割の人間がいるのではないか。

赤坂　ミコトモチですね。

三浦　あるいは審神者《さにわ》でもいい。

赤坂　ミコトモチや審神者のような存在がいなければ、たしかに音を聞いただけで記憶を呼び覚ますということはできないかもしれませんね。

三浦　先代の王を実際に知っている者なら、音だけで記憶は呼び覚まされるかもしれませんが、それでは「歴史」にはならないのではないでしょうか。歴史になるには音にしろ文字にしろ「ことば」がいるのではないか、わたしはそう考えます。

赤坂　さきほど、家の当主の名前を次代の当主になる人間が継承すると、過去の当主が憑依したようになるという話をしました。継承する名前が歴史的な系譜のようなものを超えて、むしろその名前がずっと持ち続けてきたアイデンティティのようなものにかたまっていく傾向を考えると、かつての第何代の王が何をしたかということよりも、王の一族としての自分がいまここにあるという、いわば王族としてのアイデンティティとか正統性のほうが重要なのかもしれません。ですから、固有名詞をもった王の事績にはどこまでこだわるのかという疑問があります。

三浦　とてもよくわかる疑問です。わたしなりにその疑問にこたえるならば、おそらく系譜を持つことと王であることは違うのだと思います。

　赤坂さんがおっしゃるように継げば王になるということは、継承すれば常に初代に還っていく、起源に還っていくわけです。循環しているといってもいいかもしれない。つまり歴史や時間を捨象してしまう。それが王なのではないでしょうか。いつも始まりということですよね。それに対して、系譜を持つということはあきらかに時間、つまり歴史を持たないと成り立ちません。しばしば言われることですが、日本人は時間を流れていくものとして意識していません。時間を流れとして認識するようになるのは、中国的な時間観念が入ってきてからだと言われています。日本人の時間意識というのは「年《とし》」を基準にしています。春夏秋冬という一年の周期的なくりかえし、つまり循環なのです。いつも経巡っている。ですから、そうした時間の循環のなかで王はいつも存在していて、そして常に初代に還っていく。ここから脱して、初代、二代、三代となっていくのはあきらかに歴史意識を持ったときです。その歴史意識とはすなわちことばです。もちろんそれは、文字以前には音声としてのことば、語りとしてあったのでしょう。

このことを教えてくれるのが古事記の天皇の系譜です。一〇代目のミマキイリヒコ（崇神天皇）あたりが、最初にヤマトの纏向あたりに王として誕生した。そして、それ以前の天皇たち、初代のカムヤマトイハレビコ（神武）から九代目までの天皇たちを歴史をのばすために付け加えた。こうして系譜をつくることによって時間をのばしていくわけです。六〇〇年くらいのばしたのだろうと言われています。こういうことは国家が成立していないとできないでしょう。

赤坂　それでは、歴史という観念や王の系譜といった時間的な積み重なりのようなものが、はたして語りだけの世界でありえるのでしょうか。

三浦　吉本隆明さんは『共同幻想論』で、共同性という問題で説明していますね。いま赤坂さんのいった時間的な積み重なりをどのように共有するか、という問題は、吉本によれば共同性というものはどのようにして保たれるのか、という問題になる。ただ集団を形成しているだけで共同性というものは生まれてくるのか。共同性を支えていくさまざまな要因があるわけです。

そのなかでことばのはたしている役割は何なのか。これは考えてみる必要があると思います。恐怖の共同性ということを遠野物語に関して吉本さんは言っています。遠野物語にはたくさんの山人譚が登場します。共同体を形成するには恐怖の対象としての山人譚いわゆる山男・山女のような伝承を背景にする必要があるのではないか。そうではなく共同性があるから山人譚のような伝承が生まれてくるのか。

赤坂　その問題は機会をあらためてじっくり論じてみたいのですが、ここでは少しだけ触れておきます。わたしは吉本さんの『共同幻想論』に関しては、ずっと引き裂かれた気分を引きずってきて、いまだにうまく論じることができずにいます。ようやく最近になって本格的に向かい合うことができそうな予感が生まれています。なぜ、そこでは『遠野物語』と古事記が主要なテクストとして選ばれたのか、といったテーマも再検証が必要だと、こうして三浦さんとの対話を重ねてきて感じています。

わたしはいま、遊動と定住をめぐるテーマに立ち戻ろうとしています。わたしのあらたな遊動論の枠組みのなかでは、『共同幻想論』は乗り越えるべき対象であることがはっきりしています。乱暴な物言いをあえてします。まず、当たり前のことですが、共同性と共同体とはまったく異質な次元に属しています。共同体を形成し維持するためには、外なる世界に向けての恐怖の共同性を掟や禁忌として組織することによって、人々を内向きのベクトルにおいて縛るだけでは足りません。たとえば、共同体の内側に避けがたく堆積するケガレを祓い棄てるためには、物語や祭祀といった仕掛けが不可欠であり、その担い手はいつだって外なる世界につながるマレビトだったのではないか。言い捨てにせざるをえませんが、『共同幻想論』には外部への契機が欠落しているのです。吉本隆明という人は、柳田国男の系譜に連なる定住中心主義の思想家なんですね。折口信夫に対して関心を示さなかったのは、おそらく偶然ではありません。

折口信夫と「語り」あるいは「語り部」

赤坂 語りの問題をより深めていきたいと思います。折口の巡遊伶人論のなかに、国家に先立つはるかな昔から共同体のあいだを遍歴して物語や伝承を伝え歩いた人たちがいた、という一節があります。それがわたしのなかに強烈な印象を留めていて、折りに触れて思い返してきました。異様な余韻に包まれた言葉だと思いますね。こうしたはじまりの語り部たちの問題をどのように考えたらいいのか。

まず律令国家に奉仕するようなかたちでの語り部がいます。一方で、部族や村といったレベルの共同体のなかに生活しながら、部族の神話や伝説を管掌している語り部たちがいます。さらには、国家にも共同体にも従属することなく空隙《あわい》を遍歴しながら物語や芸能を広めあるいている人たちがいます。類型的なイメージとしては、この三つの語り部が存在するだろうと思います。この問題をどのように考えるか。折口の再評価ということも重ねあわせにしてみたい。いまの時点で三浦さんはどのように考えますか。

三浦 ホカヒビト（乞食者）というか、語り部というか、語りをする人の層というのはいくつかあると思います。折口の主張はもちろんですが、個人的には、無文字社会の歴史から声や口誦伝承論といった一連の川田順造さんの仕事から教えられたことも大きいです。川田さんの研究からは、王をとりまく王のための語り部と、周辺の村々を歩き回る語り部というものがあることを知りました。

語りが明らかに二重化されていて、それがどこかでつながっていくのだ、ということを川田さんはおっしゃっています。わたしもやはりそういうイメージを持っています。

赤坂さんのおっしゃる「部族や村といったレベル」の語り部たちをどのように位置づけるかが問題ではないでしょうか。村の語り部が国家へと上昇していくのか、零落した語り部が村落へ降りていくのか。

語り部ではありませんが、日本書紀の皇極天皇や天武天皇の記事のなかに、「侏儒」「倡優」「伎人」という漢語が何度か登場し、倭語では「わざをき」とか「わざひと」と訓まれています。ワザというのは、呪術的・芸能的な行為を意味し、そうした行為そのものや、それをおこなう人がワザヒトとかワザヲキと呼ばれています。たとえば、有名な乙巳の変（大化の改新）の折、中臣鎌子がワザヲキを使って、入鹿が佩いた太刀を外させた場面で、「中臣鎌子連、蘇我入鹿臣の、人となり疑《うたがひ》多くして、昼夜剣持《たちは》けることを知りて、俳優《わざをき》に教へて、方便《はか》りて解かしむ。入鹿臣、咲《わら》ひて剣を解く」（皇極紀四年六月）とあって、宮廷には道化のような芸能者がいたことが想定できます。日常の儀礼のなかでも、「天皇、東庭に御す。群卿侍《さぶら》へり。時に、能く射《い》ふ人と侏儒・左右舎人等を召して射はしむ」（天武一三年正月）というようなかたちで、ワザヲキは天皇の側に仕えていました。そうした存在は、ホカヒビト（乞食者）と呼ばれるような、宮廷の外周に存在するであろう集団ともつながっていたのではないかと考えられます。そして、村落における芸能者については、「大倭・河内・摂津・山背・播磨・淡路・丹波・但馬・近江・若狭・伊勢・美濃・尾張等の国」に、「所部《くにうち》の百姓の能く歌ふ男女と侏儒・伎人を選びて貢上《たてまつ》れ」（天武紀四年二月）とあって、宮廷に集めたり、

「もろもろの歌男《うたを》・歌女《うため》・笛吹く者は、すなはち己が子孫に伝へて、歌笛を習はしめよ」（天武紀一四年九月）というようなかたちで芸能の伝習を命じたりしています。これらの記事がどこまで実態を反映しているのかはわかりませんが、宮廷と地方とのあいだで、ワザを持つ者たちが交流しているらしい様子が窺えます。こうしたワザヒトやワザヲキたちと、万葉集に出てくるホカヒビトはつながっているでしょうし、語り部と呼ばれる存在にも通じているのではないかと想像しています。

一般的な言い方になりますが、語り部やホカヒビトのような存在は中世以降の芸能者の問題としてとらえられることが多いですね。古代において語り部やホカヒビトの問題をとりあげるということに対しては芸能の研究者をふくめて、みなさん非常に消極的です。そのなかで折口信夫は例外的に始原へと向かった研究者だと言えるのではないでしょうか。

しかし、万葉集を読んでもホカヒビトはいるわけです。古事記に「天語歌《あまがたりうた》」と呼ばれる歌謡がありますが「天語」という物語をもって歩いている存在がいる。あるいは古事記に「この蟹や　いづくの蟹」という「蟹の歌」がありますけれども、こういう歌の存在は、あきらかに身体芸能や所作もふくめた伝承を伝え歩いている存在がいると考えないと説明がつきません。ほかにも、出雲国風土記に出てくる有名な語臣猪麻呂がいますし、「国引き詞章」などを見ても「クニ」レベルの王のもとに仕える語り部の存在は否定できない。このように考えると王の語りと周辺の語りは明らかに存在する。

律令国家においてむずかしいのは、語られる伝承が文字化されるという問題がかかわってくることです。語りが形骸化されていくのか、残存していくのかははっきりとはわかりません。平安時代のはじめころの記録で儀式関係の書物をみると、大嘗祭のときに語り部奏上という儀礼があることがわかります。これは決まった六か国ないし七か国が選ばれ、その国の語り部が集まって天皇の即位儀礼のときに必ず語りを奏するわけです。いったい何を語ったのかはわからない。想定できるのは服属のいわれを語るということです。そういう語り部が普段は地方にいて、求められると集まってくるわけです。こうした語り部の存在は、それぞれの地域にはクニが存在し、王と呼びうる支配者がいたことを想起させる。そしてかれらはヤマトに服属し、その王に隷属していた語りの民がのちのちまで、王の服属の由来を天皇の前で語ったということではないかと考えています。こうしたことは文献の上からも確かめられると思います。

赤坂　いま三浦さんは、国家や王をとりまく中心と周縁という構図でお話しされたかと思います。それでは、共同体や部族の外部を巡歴する語り部たちの存在についてはどう考えていますか。

三浦　ホカヒビト（乞食者）と呼ばれるような人々がまさに巡歴する存在だと思っています。さきほども言及しましたが古事記のホムダワケ（応神天皇）の記事のなかに、角鹿《つぬが》（敦賀）の「蟹の歌」があります。

この蟹や　いづくの蟹
百《もも》伝ふ　角鹿《つぬが》の蟹
横去らふ　いづくに至る
伊《い》知《ち》遅《ぢ》島　美《み》島《しま》に著《と》き

鳰鳥《にほどり》の　潜《かづ》き息づき
しなだゆふ　佐佐那美道《ささなみぢ》を
すくすくと　我が行いませばや
　　　木幡の道に
逢はしし嬢子《をとめ》
後姿《うしろで》は　小楯《をだて》ろかも
歯並みは　椎菱なす
櫟井《いちいぬ》の　丸邇坂《わにさ》の土《に》を
初土《はつに》は　膚赤らけみ
底土《しはに》は　に黒きゆゑ
三栗の　その中つ土《に》を
かぶつく　真火には当てず
眉画《まよが》き　こに画き垂れ
逢はしし　女《をみな》
かもがと　我が見し子ら
かくもがと　我が見し子に
うたたけだに　向かひ居るかも
い添ひ居るかも

これはツヌガの蟹がヤマトにやってくるという内容の歌ですが、明らかに蟹男と蟹女の物語なんです。みずからが蟹に扮して旅をして歩いてきて、きれいな女の子に会って結婚するという内容で、ホムダワケ（応神天皇）が詠ったと伝えられているものです。この歌はあきらかに蟹の一人称語りなんです。しかもきれいな女の子に会うのですがその子が「後姿《うしろで》は　小楯《をだて》ろかも　歯並《はな》みは　椎菱なす」とあって、「後ろ姿はかわいらしい楯みたいだ。歯並びは椎の実や菱の実が並んでいるみたいだ」という意味です。

赤坂　これは完全に蟹ですね（笑）。

三浦　そのとおりです。ですから、蟹男が蟹女に出会って結婚するという物語なんです。ものすごく滑稽な物語ですよ。これは所作をともなって、一種の田遊びのように演じられていたと思いますね。こういう物語を語り伝えることができるのは、放浪する芸能者だろうとわたしは考えています。ひょっとすると越前蟹をたずさえて、その蟹を献上する儀礼のようなものがあって、そのなかで歌われていたのかも知れない。

また、播磨国風土記や万葉集には追われて逃げる久米若子という御子の物語が伝えられていますが、何らかの理由で放浪しなければならない御子の伝承があり、その物語を持ちまわって語り伝える人たちがいただろうと考えられます。この久米若子の物語については、物語を持ち伝えていくような集団がいたのではないかということを折口や中西進さんも指摘しています。

赤坂　いろいろな古代の文献のなかに、「わざをき」や「わざひと」と呼ばれる人がたくさん登場しますね。あるいは「巫覡」という言葉も出てきます。そういう言葉を整理して考えなければならないな、と三浦さんのお話をうかがいながら考えていました。国家なのか、共同体なのか、それらの外部なのか。いまでは折口的な巡遊伶人論は妄想の類として退けられているのかもしれません。そうした遍歴の語り部といったものはせいぜい『平家物語』以降の中世くらいからであって、それ以前に語り部の構造をあてはめるのは妄想だ、ということですね。しかし、古事記や風土記、あるいは万葉集あたりに「語り」の気配や痕跡が色濃くあることは、否定できないと思います。

三浦　赤坂さんのおっしゃる三つのうちのひとつ、村の語り部がどうあったかという点については、古代の文献からは見えにくい、あるいは見えてこないのはたしかですね。そして、それを補うことのできる資料が、風土記にしばしば出てくる「古老」という存在ではないでしょうか。常陸国風土記や播磨国風土記に遺されているちいさな伝承群を読むと、その背後に、土地土地に生きていた古老の語りが浮かび上がってくるようにわたしには思えてくるのです。

ふたつの「いま」

赤坂　語りの問題を念頭におきながら、風土記についてもぜひお話ししたいことがあります。常陸国風土記の夜刀《やつ》の神神話について、三浦さんは二つの「いま」に注目しています。箭括《やはず》氏の麻多智という族長にしてシャーマンらしき人物が武装して、夜刀の神を山の側に追放して、堺の堀のところに杖を立てた。これが社となって、麻多智の子孫が代々にわたって「祝《はふり》」として祭りを主宰していく。これがまずはじめの「いま」ですね。いつくらいの話でしたか。

三浦　ヲホド（継体天皇）のころ、六世紀のはじめくらいですね。

赤坂　これに続くもうひとつの「いま」は孝徳天皇の時代、はじめの「いま」よりもおよそ一五〇年くらいあとですよね。そこでは天皇の権威を背負った律令官人が夜刀の神と対峙して、それを追放する。

このように「いま」が二つ出てくる。この二つの「いま」が伝承のなかでどのように重なりあってくるのか。当然ですが、常陸国風土記が書かれた七一五年くらいを「いま」と考えると、そのとき筆録者は行方郡でいまも夜刀の神をめぐる神話が語り継がれており、その神話を再現するような祭祀か儀礼が反復されていることを知っていますね。と同時に、律令国家の権威を背負った官僚による堰の造営というできごとが起こったことも知っている。この二つの「いま」を筆録者は見ています。箭括氏の麻多智が夜刀の神を山に追放したという部族の起源伝承は、おそらく文字テクスト化されたことがなかったことでしょう。

そうした語りが文字化されてくる画期が風土記の編纂時の「いま」であると考えると、その「いま」に向かって二つの「いま」＝起源にまつわる語りが流れ込み、時間的な契機性をあたえられて歴史として再編成されていったのだと思います。もともとの夜刀の神神話の語りには、継体天皇といった王の名前など必要がなかった。もっと漠然としたかたちでよかったはずです。箭括氏という部族の起源神話として語られ、それを祭りのなかで毎年反復していたのでしょう。それが風土記の編纂のときに、いわば時間的な契機性をもって文字に置き換えられることによって、はじめて歴史となった。天皇という大きな宗教的権威が、部族の起源神話を上から再編しつつ摂り込んでいったわけです。そういうことが語りの文字テクスト化の現場で起こっていたのではないか。そして、それは古事記の成立においても見いだされるできごとではなかったか、と想像しています。それはほとんど、明治維新に起こった、村々のウブスナの神社が「記紀神話」の圧倒的な権威のもとに再編され、国家神道のシステムの末端に位置づけられていったことと相似的であったかもしれません。

三浦　そうすると、文字化が契機にならないと語りは自覚化されないということなんでしょうか。

赤坂　語りには時間性があると思いますか。歴史があるか、といっても同じことです。語られる神話においては、歴史的な年代として考えると、たとえばたった一〇〇年前のことがその部族の「はじまり」のときなのかもしれないわけです。祭祀のなかの語りは、その「はじまり」のときに生起したできごとを、いま・ここにくりかえし再現するために必要とされるのではないか。そもそも、こんなふうに考えないと神話研究そのものが成り立たないのではないかと思います。神話学が対象としている神話のなかには、五〇年か一〇〇年前につくられたものと、数千年前に語られていたものとが、同じ神話というくくりで並べられていますね。「文字と語り」といったテーマは捨象されている。語られる神話というのは、時間や歴史に関心がないのではないでしょうか。

三浦　西郷信綱さんだったと思いますが、「むかし」という言葉と「いにしえ」という言葉をとりあげて、その違いを説明しています（『神話と国家』平凡社）。「むかし」という言葉は「向き合う場所」という意味です。こちらに対して向こう側。それに対して「いにしえ」は「過ぎ去っていったあたり」という意味です。つまり時間的にこれだけ過ぎていったあちら側。こう整理すると、歴史というのは「いにしえ」として認識するわけです。

赤坂 序文がフィクションとしてであれ、提示しなければならなかったものに眼を凝らしてみたいのです。たとえば、語られる神話としての夜刀の神伝承をいま想定したとき、そこにはだれか天皇の名前を冠した歴史的な年代が添付されていたとは考えられず、きっと「いにしえ」ではなく「むかし」として、その「はじまり」のときが提示されていたはずです。古事記の場合にも、きっと「むかし」を語る小さな神話を管掌する幾人もの語り部たちがいて、それらの語られる神話の群れをあつめて、太安万侶が古事記という文字テクストを編纂したのかもしれません。これを語りの文字化というできごととして考えるならば、序文そのものは作為されたフィクションであるとしても、そこに筆録者としての太安万侶／語り部としての稗田阿礼という対をなす役割分担が見いだされることは、偶然ではないでしょう。それは古事記の成立の背景に沈められている、隠された真実を指し示しているのかもしれないと思いますね。このことはどう考えますか。

三浦 斎藤英喜さんが古事記の序文は古事記の起源神話であると言っています（『古事記　不思議な1300年史』新人物往来社）。これはあたっていると思います。つまり、この序文を置くことによってはじめて古事記が自分の場所を与えられていくということではないでしょうか。

赤坂 古事記の序文は、みずからの混沌とした出自や来歴を秘め隠しながら、露わにしていたのかもしれませんね。そう考えると、この序文が古事記の起源神話であるという斎藤さんの指摘は、非常に説得力がありますね。

三浦　斎藤さんにはそこまで言うのだったら、古事記の序文はあやしいでしょう、と言うんですが、彼はそこまでは主張しないですね（笑）。序文が本文の起源を説明しているからこそ、みんなその神話を信じている。

赤坂　だとすると、きっと、その序文はまったくの創作ではない。だから、だれもがそれを受け入れてしまう。古事記を管掌していた太（多）一族は序文のなかに、語り部の一族としての誇りにかけてある記憶を埋め込んだのかもしれません。

三浦　どこかに何かあるのかもしれませんね。

風土記のフォークロア

赤坂　わたしは昔から風土記がとても好きなんです。国文学の研究者にいわせると、風土記のなかに地方とか民間伝承のようなものを求めることはむずかしい。つまり、風土記はあくまで律令国家が編纂を命じて作らせたものだし、その編纂の責任者は中央から派遣された国司クラスの官僚がやっている。風土記は純粋な意味で地域社会を映し出したり、民間伝承をあつめたテクストではない、というわけです。だから、風土記をテクストにして古代のフォークロア世界を浮き彫りにするようなことは、そもそも不可能ですよ、そう慰めるように忠告されたことがありました。しかし、わたしは頑なにできると思っているんです。ただし、そのためには風土記というテクストを読みほどくための方法が必要でしょうが、それが確固としてあるわけではありません。手探りに求めていくつもりです。

風土記というのは、非常に複雑な背景をもったテクストなのかもしれませんね。三浦さんの『風土記の世界』（岩波新書）によれば、現存する五つの風土記はそれぞれまったく性格の異なるテクストのようですね。律令国家に奉納されたテクストなのか、そうではないのか、ということについて、三浦さんは考証されています。興味深いものでした。わたし自身はじつは、近世の風土記のひとつである『会津風土記・風俗帳』を民俗学的に読む作業をいくらかやって来ました。これもていねいに読んでみると、地域ごとの多様性をはらんだテクストですね。だから面白いんです。そこには断片化したものであれ、フォークロアの世界につながる手がかりが埋もれているはずだと考えています。

三浦　わたしも基本的には同じ立場です。風土記が興味深いのは成立の時期だと思います。律令国家が命じて編纂させて、最終的にはたしかに中央から派遣された国司が文字化した。出雲国は例外ですが。国家の意志が反映されていることは確実でしょう。しかし、風土記が編纂されたのは律令的な世界というのが日本列島にまだ十全には浸透していない時期です。国司が派遣されたといっても、伝承の収集などの実際の仕事は郡司層がおこなったと考えられる。郡司層というのは土着の人たちです。つまり、ここで土着的な土地の伝承と中央の意志のようなものがぶつかりあっていると思います。風土記という書物はそういうなかでできあがってきている。

どのように腑分けしながら読むかという読み方の手続きは必要だと思いますが、いろいろなかたちで土地の伝承が入っているという点が風土記の大切な点だと思います。さきほど赤坂さんがおっしゃったような、風土記は国家がつくったものだから、という批判はわたしも常々受けてきました。風土記にはこの問題が常についてまわる。しかしこれは戦後の研究の一番悪いところだと思います。歴史社会学派の研究はすごい研究だと思っていますが、やはり国家を絶対化して国家の側からしかみない。ですから、国家があらゆるものをつくった、風土記もそうだ、だから風土記は国家の意志しか反映していない。こういう極めて単純な論理がまかり通っている。しかし、そんなことで風土記のような伝承の記録が残るはずがない。では、役人がすべて創作したのか、というとそんなことはない。文字化するときに、さまざまな漢文的な修飾が入っているのはたしかです。それは、いくらでも読解するときに腑分けすることができると思います。風土記には細かな地名起源譚がたくさんありますが、そういう地名起源譚はレベルの差はあるとしても土地の人たちが伝えている何らかの記憶や根拠がないと拾い集めることはできないし、しないでしょう。わたしたちからみたらばかばかしいような話がいっぱいある（笑）。

赤坂　国家の意志を絶対化するというのは、あくまで近代のまなざしですよね。三浦さんがおっしゃるように律令国家は成立したばかりですし、風土記のもとになる地域の資料や情報をあつめてその国家に提出することは、折口的にいえば「国魂《くにたま》」を天皇に献上するという意味があったはずです。

三浦　土地のことを記述して、それを奉納して服属の意をあらわすということですね。

赤坂　そうですね。そこには非常に複雑なやりとりがあったはずです。風土記というのはじつは、何度も日本の歴史のなかでは編纂事業が起こっています。たとえば、一七世紀後半に保科正之が命じて編纂された、『会津風土記・風俗帳』というかなりしっかりした近世の風土記があります。当然ですが、これは藩が村々に差し出しを命じて作ったものです。しかし、だからといって、藩権力の意志がフォークロアの世界を覆い隠しているなんてことはまったくありません。細部をていねいに読んでいけば、たとえば田植え踊りや田植え歌がどのように変遷を遂げてきたのか、といったようなことを比較検証するための手がかりが豊かに含まれています。一六八〇年代に編纂されたもののなかには「歌」の記述はあっても、「踊」の記述がないのです。東北ではいま、田植え踊りが代表的な民俗芸能のひとつに数えられていますが、一六八〇年代にはおそらく田植え歌はあっても、田植え踊りはなかったということが確認できるわけです。

古代の風土記にただちに同じ方法が援用できるとは思いませんが、わたしはいずれ、本格的に風土記を民俗学的に読むという仕事をやってみたいと考えています。藩や国家が風土記の編纂を命じて差し出させるということには、その土地の力やアイデンティティの核になるものを献上させるという意味合いがたしかに含まれています。しかし、残された文字テクストそのものは多様であるし、混沌としたものを抱え込んでいます。これをていねいに読み解くための方法が必要ですね。いま古事記の民俗学とか風土記のフォークロアといったテーマはまったく流行りませんが、わたしはありだと思いますね。

『風土記の世界』のなかに「鮎釣りの起源」伝承について論じている箇所がありますが、これは以前から三浦さんが気にされていたことですね。とても関心をそそられました。まさにある種のまなざしの転換によって、テクストがまったく姿を変えてたち現われるということの恰好の事例のように感じました。

三浦　肥前国風土記などにあるオキナガタラシヒメの伝承ですね。鮎は釣って吉兆を占った魚ですが、ここでオキナガタラシヒメは新羅遠征の成否を鮎で占っています。

鮎には友釣りという釣り方がありますね。友釣りというのは鮎の習性を利用する釣り方です。この釣り方は一般的には起源は伊豆半島の狩野川で、江戸時代からはじまったとされています。ですから、一般的な起源によれば、そんなに古くからやられている釣り方ではないわけです。

しかし、動物の習性を利用した狩りというのは縄文以来からある。そもそも太古においては動物の習性を知ることが、生き延びることとイコールだったわけです。鮎の習性を利用する友釣りという釣り方が、広く方法化されて実践されるようになったのが江戸時代だったとしても、わたしはもっと以前から鮎のそうした習性を利用した釣りはあったのだろうと考えています。

その根拠が、オキナガタラシヒメの伝承にあるのです。わたしがここで注目したいのは、鮎の友釣りにはかえしのない針を使うという点です。オキナガタラシヒメの伝承には、縫い針を曲げて釣り針を作ったとあります。この方法で作った針には、縫い針にかえしがない以上絶対にかえしをつくることはできないですよね。

こうした伝承がなぜ鮎釣りにかかわってあるのか。これを考えたとき、この伝承はオキナガタラシヒメの事跡を語る以上に、鮎のある種の釣り方の起源、すなわち友釣りの起源を語っているとしか考えられないのではないかということに思いいたる。

この話というのは国家がどうしたという話ではない。にもかかわらず、少し違いますが、風土記だけでなく古事記にも日本書紀にもある伝承です。はたしてこの伝承の起源がどこにあるのか。肥前の玉島川でつたえられていた話なのか、それとも日本書紀が創作した話なのか。議論としてはいろいろ可能だと思いますが。

赤坂　非常に面白い分析ですよね。釣り方がどのようなものであったとしても、鮎を釣るというのは占いだったわけですね。

三浦　鮎は魚へんに占いと書きます。この「鮎」という漢字は占いに使われた魚という意味で日本で用いられた一種の国字です。中国の「鮎」はナマズを意味するそうなのです。

赤坂　この鮎釣りに関して民俗学のほうからは何か言われていますか。

三浦　いろいろと調べたことがありましたが、とくにないです。鮎釣りについて国文学の人でふれている人がいましたが、総じてあまり論じられていないですね。

赤坂　残念ながら、民俗学の側には、古事記や風土記を読もうという研究者はほとんどいません。本当は面白いんですけどね。

三浦　風土記の研究は共同研究をしないとダメですよね。地理学や植生やいろいろな面から考えられる。異分野でいろいろやると面白いと思います。

ヤマトタケルは「天皇」になったのか

赤坂　常陸国風土記ではヤマトタケルという人物がひとつの焦点になっていますね。三浦さんは風土記のなかに出てくるヤマトタケルはまったく死の匂いがしない、と言われています。つまり、常陸国風土記のヤマトタケルは、自分の運命を知らず、隣にはタチバナヒメがいて、常陸の国のなかを漂泊している。これは何なのだろうと思ってきました。どうしてヤマトタケルの巡幸伝承がこういうかたちで、常陸の国では語り継がれていたのだろうか。それはまた、日本書紀や古事記のヤマトタケル伝承とも違いますね。三浦さんはこれらの三つのテクストをつなげて語られている。目がひらかれました。

三浦　常陸国風土記がいつつくられたか、という問題があります。七一三年に編纂の命令が出て、常陸国風土記はわりと早い時期にできただろうと考えられています。そうすると七一五年くらいまでにはできた可能性がある。日本書紀は七二〇年に成立している。この常陸国風土記と日本書紀の成立のあいだは短いが、常総国風土記のほうが先に成立していたというのは注目しなければならない。ところが間隔は短いのに、常陸国風土記のなかでヤマトタケルは天皇と語られ、一方、日本書紀や古事記におけるヤマトタケルは死んでしまう皇子の物語としてあらわれてくる。この両者の関係がどうなっているのか。このことを少し窮屈ではありますが『風土記の世界』で述べました。わたしは、ヤマトタケルが天皇だったという伝えは七世紀あたりの伝承としては長く広く存在したのだろうと考えたのです。雄略天皇（オホハツセワカタケル）の名前が埼玉県の稲荷山古墳から出土した五世紀末ごろの鉄剣銘文のなかにでてきます。これがヤマトの天皇の勢力が関東にまで及びはじめた時代だと考えると、そこからだいたい七世紀後半から八世紀頭くらいまでの時代に、いったいどのような歴史が語られていたのか。このミッシングリンクが、ヤマトタケルの伝承の比較からわかってくると面白いと思いますね。

赤坂　ヤマトタケルが天皇であったかどうかというのは、そもそもヤマトタケルの時代には「天皇」という呼称がないわけですから、問いとして本当はおかしい。実際は「大王」ですよね。「大王」という役割を継承するときに、どのような即位儀礼が行われたのか、まったくわからない。大嘗祭ではなかったことははっきりしています。

三浦　そのとおりですね。「天皇」号が使用されるようになったのは天武天皇のころではないかと言われています。「大王」の即位儀礼についてはもちろんまったくわかりませんよね。

赤坂　われわれが無造作に「大王」を「天皇」と呼んだ途端、天皇家の系譜語りがはるかにさかのぼって生成を遂げ、大嘗祭のような即位儀礼がすでに行われていたかのようなイメージが生まれる。ですから、「天皇」と「大王」はきちんと腑分けしておかないといけない。天皇号が確定して大嘗祭が即位儀礼として確立した時代以降であれば、即位儀礼を経て三種の神器を継承したのかどうかということが、天皇として認められたかどうかの識別指標になりますね。しかし、「大王」の時代はそうしたものがもっと揺れていたと考えるべきでしょう。何をもって「大王」や「天皇」として認められたのか。

三浦　どういうふうに継承されていったか、おそらく、その継承順序にも入れ替わりがあったということは間違いなく言えるでしょう。

どこまで証明できるかわかりませんが、わたしは気になっていることがあります。「天皇」と「日本」という称号というのはセットで考えられていますよね。どちらの称号も天武朝に登場したと言われています。奈良県の飛鳥池遺跡から天皇号の書かれている木簡が出土しています。これがもっとも古い天皇の確実な用例だといわれています。飛鳥池遺跡は天武朝の遺跡です。「日本」というのもこのころから使われていただろう、と通説としては言われています。

しかし、わたしは、「日本」という称号と「天皇」という称号は時代がずれると思います。なぜならば、日本書紀には「日本」が連呼されていますが、古事記には「日本」が一切でてこない。それに対して、日本書紀も古事記も「天皇」という呼称を用いています。ですから、「天皇」という称号は「日本」よりは少し古くから使われていたと思うのです。七世紀初頭の推古朝くらいまで「天皇」という呼称はさかのぼることができるのではないか。こういうことを主張する歴史家もいます。しかし、立場としては弱いです。そもそも「天皇」と「日本」という称号をセットにするという考え方は、網野善彦さんくらいから主流になりましたが、考え直すべきだと思っています。

赤坂　「天皇」号の確立が現在の通説よりも時代をさかのぼるとしても、即位儀礼そのものは律令国家の成立とともに確立したと考えるべきですね。

三浦　即位儀礼に関してはそうですね。

赤坂　三種の神器というようなイメージもまた、日本書紀が書き継がれる過程ではっきりしてきたものでしょうか。ひとつひとつの神話伝承もそうしたなかで確定されていく。そういう意味でいうと、常陸国風土記のヤマトタケルは「天皇」という呼称を背負っているがゆえに、天皇の王位継承のイメージをかぶせられてしまう。しかし、じつはもっとゆるいかたちで「大王」の継承はおこなわれていたのではないか。系譜意識はいつの段階に成立するのか、かなり曖昧だったのではないか。たいてい系譜というのは、のちになってからさかのぼるかたちで曖昧な部分を整理しながら確定していく。こうした系譜の整理はいつの時代であれ、どんな場合であれやっていますね。ヤマトタケルの時代は、系譜に関するせめぎあいがおこなわれていて、二つの「大王」が並び立っていたようなことだってあったかもしれない。こうした曖昧な系譜を、一貫した系譜語りのなかに落とし込んでいったときに、「ヤマトタケル天皇」は整理されて中央の歴史叙述から消えていったのかもしれない。

三浦　古事記と日本書紀をみていくと基本的に同じ系譜を採用している。ということは、おそらくそれ以前の段階で、その系譜というのが公認されていた。ところが、そうした公認される前の系譜というのは多様にあった。常陸国風土記におけるヤマトタケルの伝承は、そうした多様な系譜のひとつの痕跡なのではないかと思います。

神功皇后もそうです。神功皇后あるいはオキナガタラシヒメが天皇と表記されている箇所が風土記のなかで一か所か二か所出てきます。日本書紀も古事記もオキナガタラシヒメ皇后は仲哀天皇の后としか書かれていない。つまりオキナガタラシヒメの扱いもゆれているわけです。ゆれているところは、きっと何かがあったのだろうと思いますね。

赤坂　風土記というテクストだけに、ヤマトタケル天皇（すめらみこと）が十数か所、オキナガタラシヒメ天皇が一、二か所出てくることの意味は何なのか。古事記は三浦さんの説をとれば七世紀の後半の成立、日本書紀が七二〇年の成立、常陸国風土記は七二〇年の数年前に奏上されたらしい。天皇家の周辺では、一世紀くらい前に系譜語りがあるかたちで確定していて、その確定した系譜が古事記に流れ込み、日本書紀もそれを基本的に引き継いだ。ところが、その当時、北の辺境である常陸国では別の伝承や系譜というのがあたりまえに語り継がれていて、そうした系譜による伝承が編纂の責任者であった国司の検閲を通ってしまう。このことを考えると、系譜が確定していないといわざるをえない。天皇一族のなかでは系譜語りがある程度固まっていたとしても、大王たちが各地に残した事績や伝承のなかではその系譜とは違う系譜の語りが存在し、だからこそある人物が天皇であったり、天皇でなかったりする。こうした状況を想定しないと理解できないことだと思います。

三浦　常陸国風土記にヤマトタケル天皇という呼称がいくつも出てくることをどのように説明できるか、ということだと思います。

赤坂　これまではどう説明されてきたのでしょうか。

三浦　常陸の人たちはヤマトタケルが可哀そうだから、天皇にして伝えていたんだ、というように説明してしまう。

赤坂　可哀そうというのは、古事記や日本書紀の物語を知っているという前提ですよね。知らない人たちは可哀そうと思いようがない。

三浦　そうです。ですから、そういう説明の仕方では説得力がないし、論理的ではない。では、どのように論理的に説明できるのか。

赤坂　三浦さんの立場は一貫していますよね。三浦さんは合理的に説明したい。

三浦　そうなんです（笑）。意味づけたい、という気持ちはありますね。

神社建築起源譚と風土記の訓読

赤坂　わたしは若いころから杖のフォークロアに関心がありました。『境界の発生』（講談社学術文庫）という本に何本かの論考が収められていますが、その後もずっと追いかけてきました。すでに触れた常陸国風土記の夜刀の神伝承のなかに出てくる「標の梲」という言葉には惹かれますね。岩波の日本古典文学大系の注にしたがつて、「しるしのつゑ」という読み方を選んできました。「標」は境界のしるし、「梲」は大きな杖を指していると注釈にはありました。この「標の梲」を里と山の堺の堀に立てて、夜刀の神に告げていうことには、「此《ここ》より上《かみ》は、神の地《ところ》と為すを聴《ゆる》さむ。此より下《しも》は、人の田を作《な》すべし。今より後、吾、神の祝《はふり》と為りて、永代《とこしへ》に敬ひ祭らむ」と。だから、どうか祟らないでくれというわけで、ヤシロを設けて、ハフリつまり神に仕える者として、夜刀の神に対する祭祀を執りおこなったというのです。この麻多智の一族はハフリを職掌として、いわば夜刀の神をなだめ鎮めるための祭祀を代々執りおこなっていたらしい。

ここに出てくる「標の梲」は境界標識の杖という解釈でもおかしいわけではありませんが、「梲」を境に立てるということと、そのあとのヤシロを設けるということがうまくつながっていないように感じています。ところが、あるとき、この「標の梲」を小学館の日本古典文学全集では「しめのうだち」と読んでいることに気づきました。「うだち」の説明には、「建物の棟木を支える木か」とあります。しかし、確信がもてなかったのか、さらに「杖、柱、樹木などを垂直に立てて神の降臨を待ち、また土地占有のしるしとする古代の習俗」という説明を付け加えています。この校註者の植垣節也さんは「うだち」という読みを選んだのですが、突っ張りきれずに、これまでの解釈との整合性をはかろうとしたわけです。これ以降、わたしはこの「梲」の読みの違いが気になっていろいろと調べはじめました。

「うだち」というのは辞書的には、梁の上にあって棟下の横木を支えるものといったあたりが正しいわけです。神社建築のなかには棟持柱というものがあります。これの古いかたちが「うだち」なのではないか。太田博太郎さんが「うだちについて」という論考のなかで主張されています。神社建築の古い様式のなかに「うだち」のような構造が出てくる。古民家の調査のなかでも確認されています。建築大辞典などには棟持柱について「棟木を直接に支えている柱の総称」とあって、山梨県地方の民家にみえる「うだつ柱」がこの例であり、「原始時代の住居にもみられた」とあります。

ですから、建築史の人たちは気が付いているのです。家形の埴輪がありますが、宮本長二郎さんの研究でも、どうやら家形埴輪に棟持柱が壁から離れたかたちで立つものがつくられている。宗教的な施設らしい。興味深いことには、これは寺院建築にはまったく出てこないようです。神社建築につながる弥生時代からの神殿のようなところにはみられます。出雲系や伊勢系の神社建築にも構造的には異なりますが、離れて立つ棟持柱が見いだされます。これはいったい何なのか。これが「うだち」なのではないか。こういう議論が建築史のほうではおこなわれています。じつは、柳田国男も戦後になってこのテーマに関心を示した時期がありました。新潟県魚沼郡あたりでしょうか、山に入って仕事をする人たちが小屋を立てるときに、まずY字型の柱を二本両側に立て、そこに横木をわたして小屋の骨組みをつくります。こういう掘立小屋のことを「うだつ」や「うだつ小屋」と呼ぶという、と柳田は『居住習俗語彙』のなかに書いています。

もう一度、常陸国風土記に戻ると、「標の梲を堺の堀に置て、夜刀の神に告げて……社を設け初めて祭りき」というのは一連の行為だと考えられます。たんに杖を堺の堀という境界に立てて、里と山とを分けるのではないのかもしれない。「うだち」という柱を立てることは、神祭りをするヤシロを建てるプロセスにおいて象徴的な意味合いを帯びていたとも考えられます。「標の梲」を「しめのうだち」と訓《よ》んだとき、そこに神社建築の起源の風景が沈められていることに気づかされるのです。

三浦　この「梲」という字を「うだち」と読む根拠がどこまであるのかですよね。

赤坂　あるようです。『大言海』などでも「うだち」と読ませていますね。

三浦　たしかに「つえ」というときには風土記のなかでは、ふつう「杖」の字があてられます。

赤坂　そうです。ですから、「梲」は「杖」とは異なるものだという認識はあったはずで、たんなる大きい杖という解釈には留保が必要なのだと思います。

三浦　出雲でも伊勢でも、中心に心御柱があって、家の構造とはあまり関係ない。そうすると、あの柱が神の寄りつく場所だ、と考えると、そこと「うだつ」との関係はどうなるのでしょうか。

赤坂　そのあたりを柳田が気にしていますね。「うだつが上がらぬということ　家の話」と題された談話筆記原稿が、一九五四年であったか、『改造』に掲載されています。柳田の周辺で「うだち」への関心が高まった時期があったようです。何を気にしていたのか。柳田は大黒柱や柱の問題を追いつめていくのですが、結局、追いつめきれない。二本の柱を組み合わせて立てる扠首《サス》構造というのがもっとも古く、それが出雲の宇豆《うづ》柱や伊勢神宮の棟持柱につながるものだ、というように柳田は考えていたようです。「うだつ」はしばしば大黒柱の位置にある柱の別称だとも言っています。「うだつ」と大黒柱は別のものだと当たり前に考えてしまうけれども、柳田によれば重なっている可能性がある。非常に独創的な議論であったかと思いますね。

　イザナキ・イザナミの聖婚神話には、「天の御柱を見立て、八尋殿を見立てたまひき」とありますね。天の御柱は一本ですが、それを大地に立てたあとに、八尋殿という神殿の建造に向かうと語られていたわけです。ですから、神社建築においては中心の柱と棟持柱とが並存しているのですが、柱を立てることと／ヤシロを建てることが連続する二段階の行程であったことは動かない。いずれにせよ、「梲」をつゑと訓むか、ウダチと訓むかによって、そこに開かれてくる風景は大きく異なったものになることは間違いありません。

三浦　なるほど。赤坂さんの『境界の発生』では「杖」の問題が論じられましたが、ここでの「杖」

は境界の標識としての役割を考えているわけですよね。それと「うだつ」はまったく違うということになりますね。「梲」についてはまったく考えたことがありませんでした。

赤坂　この「標の梲」だけが風土記の杖のなかで異質な気がするんです。ほかの箇所に出てくる杖は、占有標識だったり、地に刺したら水が湧き出したといったものです。そうした杖の伝承のなかで、「梲」に「うだち」という訓みをあたえている注釈に出会って、これまでの風土記というテクストの訓みそのものがいまだ固まっていないことに気づかされたわけです。ひとつの漢字の訓みが変わっただけで、そこに神社建築の起源を物語りする伝承が姿を現わすといった、どこか劇的な読みの転換が起こりうるのかもしれません。いくらか不遜な言い方ですが、風土記はいまだにきちんと読まれていないテクストなのだと感じています。

三浦　訓読の問題で言えば、古典大系と新編全集が風土記の代表的なテキストですが、古典大系の読みはかなり無理な部分が多いのではないか、と言われていますね。訓読自体がまだきちんとしていない、つまり確定的ではない、と。研究史的に言っても浅い。

近世あたりでも、本文自体が揺れていたのではないか、とも同時に言われています。常陸国風土記は随分と省略があります。「以下略」といった表記がたくさん出てきます。古い写本が存在していないので、遡ることができません。

赤坂　一番古い写本でどのくらい前のものですか。

三浦　国によって違いますが、せいぜい中世の終わり、江戸時代のものも多いです。

風土記の多様性ということでいうと、たとえばいまの「社」の問題についていっても、出雲国風土記に出雲大社の建築に関わるのではないかという記事がありますよね。たとえば、そういう社に関する記事だけ抜き出して読んでいくと見えてくることがいろいろあるかもしれません。

赤坂　風土記というのは、地方史や郷土史のテクストという枠組みに限定しておくのはもったいないような、混沌とした豊かな資料だと思いますね。

三浦　さまざまな分野や視点から、風土記をうまく読み直していくことが必要ですよね。

赤坂　六〇ほどの風土記は現存していないわけですが、五つの風土記と逸文だけでも、律令国家が立ち上がったばかりで「ひとつの日本」なんてどこにもない状況における、日本列島の社会文化的な多様性がいたるところに露出しているのが見て取れる。こういう風土記の読み方を積み重ねていくことで、「いくつもの日本」が浮かび上がってくるのではないかと思います。あらためて風土記を読み直したいと思いました。多分野から乗り入れするような小さな研究会があるといいのですが……。

そういえば、三浦さんは『風土記の世界』のなかで、鹿の血で田をつくるという話を取りあげていますね。生け贄である鹿あるいは猪の腹をさいて、その血のなかに種をまくと一夜で苗になるという話です。こういう話は古代の資料として風土記にしかない。これをどのように読み解くことができるのか。広がりのありそうな面白いテーマですね。

三浦　いまの話も、中国的な動物供儀の儀礼みたいなものが入りこんでいるんだ、と言った説明で終わってしまう。律令国家では、国の下に郡があり、郡の下に里がある。その行政的に編成された「里」のなかにいくつかの自然集落があって、その自然集落のなかで伝えられている伝承が何らかのかたちで拾いあげられているのだろうと思います。そうした集落におりていって、それぞれの土地で伝えられている事柄をどのようにすくいあげられるか。個別にすくいあげるのではなくて、もっと広い視野でひろいあげるということがまだほとんどなされていない。

赤坂　手つかずですよね。まともに耕やされていない沃野だと思います。風土記に関して、地域誌のテクストとしてではなく、三浦さんの『風土記の世界』のように、いわば「風土記とは何か」といったところから包括的に論じられた研究書そのものが、きわめて珍しいという現実がありますね。

三浦　何十年か前に教育社歴史新書『風土記の世界』のなかで歴史家の志田諄一さんがやっています。ただ伝承分析のようなところまでは手が届いていない。風土記そのものを分析するという方法があまり確立していないのではないかと思いますね。

「語り」の世界から見えてくるもの

赤坂　古事記と風土記をめぐってさまざまに議論を重ねてきましたが、あらためて語りという大きな問題の鉱脈にぶつかったという思いがしています。語りと文字の関係に焦点をあてると、いままであまり見えてこなかった、あるいは気が付かなかったといったほうがいい問いの群れが浮上してきますね。それは日本文化のかなり深いところに横たわる原風景のようなものを、あぶり出してくれるように感じます。

たとえば、今回出た話題でいえば、太（多）一族の例がわかりやすい。太一族はきっと古事記を管掌していた一族だと思いますが、この一族のなかには伝承を語り継ぐ人がいて、それを筆録する人がいたのかもしれない。そうして太一族は連綿と受け継がれてきた伝承や記憶を携えて、古事記というテクストの生成に参画したのではなかったか。古事記の序文には、その消息の一端がとりわけ稗田阿礼に仮託されて書き留められていた、といったところでしょうか。三浦さんが提示された、いまだ仮説のレヴェルに留まるものかもしれないけれども、とても魅力的な、おそらくは折口信夫の巡遊伶人論にも近接していく日本古代の語り部像であったかと思います。語りと文字という問題はいまも隠然と存在しており、そこには尽きせぬ謎や問いが隠されていることは否定すべくもありません。

三浦　おっしゃる通りですね。わたしはそれを「古事記の古層性」と表現しました。たとえば文字遣いに注目すると、日本書紀や万葉集には見られない上代特殊仮名遣いというのが古事記には散見されます。現代と当時の母音は違いますが、古事記の母音形態はより古い要素をもっている。

もうひとつは、日本書紀と古事記をくらべながらいろいろな話を読んだときに、やはり古事記の話のほうが、国家という視点ではない、語り手の視点のなかで物語が展開されているということが見えてきます。「語り」的な要素が非常によく見える。さらにもっと大きなことで言えば、出雲国の扱いかたです。日本書紀にはまったくないのに、古事記にはなぜあれだけたくさんのオホクニヌシの物語があるのか。以前は、日本書紀のほうが古事記よりも古いと言われていた時代もありました。そのときは、古事記があとから出雲国の話を付け加えたのだ、ということを主張していた人もいます。

　しかし、どう考えても、日本書紀のような流れで読んだらものすごく変な神話になる。何もない地上の世界を天上からアマテラスがみて、「この世界はわたしのものだ」といって降りてくる。すると、アマテラスは魑魅魍魎の世界にやってきてそれを討伐してそこに住みついたという話になります。古事記の場合は、すでにそこに強大な世界があって、それをアマテラスが欲しくなって奪い取ったという物語になる。いわゆる国譲り神話は日本書紀にも出てきますが、その前の部分がないと、神話の流れはとても不自然で奇妙なものになるんですよね。そうすると、古事記のほうが、話の流れとして整っていると考えざるを得ない。日本書紀はなぜ出雲神話を語らないのか、という疑問の答えは、語りたくないからだ、ということになる。

　つまり律令国家という意識が古事記にはまったくないのです。日本書紀のなかには「日本」という語が連呼されている。すべてが「日本」です。なぜなら「日本」という国の歴史書だからです。古事記には「日本」という言葉はひとつもありません。すべて「倭《やまと》」です。

　こういうことを考えていくと、古事記というのは日本書紀の歴史認識とはそうとう隔たっているとしか思えない。こういうことをわたしは古事記の古層性と言っているわけです。

赤坂　古事記はあまりに敗者に身を寄せすぎているが、それは敗者の鎮魂のためにつくられたテクストであるからではなかったか。それはきっと、三浦さんが切り開いてきた古事記論の肝だろうと思います。それをうけて、たとえばこんな見取り図を描くことは可能でしょうか。日本書紀と古事記をひとつの大きな視野のもとに捉えかえすことは可能か、という問いへの応答の試みといったところですね。

　たとえば、日本書紀という文字テクストは「日本」という呼称を冠された、天皇をいただく古代国家の正統性を証し立てるために、日本／中国の知識人の協同によって編纂された「日本書」のうちの「紀」にあたる。だから、日本書紀は敗者への関心そのものが稀薄であり、その魂のゆくえに思いをいたすことはありえない。それに対して、古事記はといえば、この古代国家が「日本」という呼称のもとに形成されていくプロセスにおいて、生け贄のように祀り棄てられたマツロワヌ者たち、無惨に敗れていった人々の魂鎮めのために編纂されたテクストである。古事記という文字テクストの前史には、敗者への魂鎮めの語りの群れが、次第に形をなしていく古代国家の周辺に行き場もなく浮遊していたにちがいない。それはたぶん、はじまりから「王の二つの身体」としての公／私の部分を相互補完的に支えるといった、予定調和の関係に置かれていたわけではない。二つのテクストはその出自や来歴において、まるで異なったベクトルにつらぬかれている。それを「記紀神話」の名のもとに相互補完の鋳型に封じ込めることによって、古事記のもつ毒やカオスを巧妙に抜き取って、飼い馴らそうとしたのが、ほかならぬ明治維新を経て成立した天皇をいただく近代国家だったのではないか。

三浦　まさにそのとおりです。わたしがうまく説明しきれないところまで赤坂さんは補ってくださっていると思います。とても理解しやすい説明でした。

赤坂　ところで、三浦さんがいわれる「古事記の古層性」について、わたしが関心をもってきたことを付け加えておきます。古事記を読んでいると、ときおり呪文のような言葉が挿入されていることとに気づかされます。たとえば、イザナキがイザナミを黄泉の国にたずねたときに、イザナミのからだに蛆がたかっている場面は「蛆たかれころろきて」と表現されています。こういう表現は呪文のようですね。オホナムヂが火にまかれて鼠に助けられる場面にもあります。「うちはほらほら、とはすぶすぶ」といった具合いに。これも明らかに呪文です。語りの世界ではこうしたオノマトペ的なものがしばしば見いだされますが、それはリズムをつくるうえでとても効果的ですね。藤井貞和さんがさまざまなところで指摘されていたような気がしますが、語りのオノマトペ的、また呪文的な表現が、古事記はとても上手に組み込まれていますね。これなどは語りという古層の残存なのでしょうか。

三浦　そうだと思います。わたしはいつも申し上げるのですが、単純に「語り」の残滓だと言うか、それとも、「語り」の作法が方法化されたうえで書かれたテクストなのだ、と言うかで全然違いますよね（笑）。古事記のオノマトペは生きていますよ。その生きているという感覚をどのように論理化して説明するかということが大切じゃないでしょうか。

赤坂　思えば、近代の作家のなかで例外的にオノマトペを多用したのが宮沢賢治ですが、賢治はまさに語りの作法を方法化した人でしたね。その賢治はあくまで近代の、言文一致以後に属する作家です。ひるがえって古事記の時代には、当然ですが、言文一致なんてないわけですよね。われわれはどうしても、どこかで言文一致以後の感性のようなものに無意識のうちに縛られているところがあるのかもしれませんね。

三浦　文字の優位性というのはものすごく強い。面白いものは文字でしか表現できないと思われている。「語り」というのはそんな高尚なことはできないと思われているわけです（笑）。アマテラスとスサノヲが高天原でウケヒをする神話があります。お互いに子供を生んで心の清濁をみることになり、口の中に入れた剣や玉を噛んで噴き出す場面です。この場面の記述は「語り」の様式をふまえた典型的な音声表現体です。西郷信綱さんが「重層列挙法」と名づけているのですが、漢字の「而」という接続詞を用いて、「〜して、〜して、〜して」というかたちで、文庫本だと一頁以上にもなる長い分量を一文でつないでしまう。こんな文章は普通文字では書きません。文字で書く場合は必ず切っていく。ほかの部分ではきちんと切れた文章になっています。ウケヒの場面のように「語り」の濃厚な部分というのはオノマトペや比喩表現や対句といった典型的な音声の表現を生かして文章ができている。こういう部分を典型的な語りと見るのか、そうではなくて文字化によってもたらされた技法だと見るか。

赤坂　ようするに古事記はそうした言語表現の特異性、とりわけ語りの言葉や表現がたくさん見いだされるテクストなんですね。たとえば、いくら三浦佑之さんでも『口語訳日本書紀』は作れないでしょう。

三浦　そうなんです。『口語訳古事記』が売れましたから、次に『口語訳日本書紀』をやれという話が出た。もちろん、そんなものはできません。日本書紀は書かれたものですから。ただ風土記だったらできるかな、とは考えたんです。しかし、風土記は語りなのかというと違う。どんな植物があるかといった部分はやはり「語り」にはできない。部分的には口承の語りが生きていますが、基本にあるのは記述の文体です。

赤坂　口語訳というのは古事記だったから可能だったわけですね。

三浦　もちろんそうですね。

一九八〇年頃から歴史書について関心を持っていました。古事記というのは「語り」という視点を入れないと説明がつかないものです。ですから、そのころから『口語訳古事記』というやりかたができるとは考えていました。ただわたしは『口語訳古事記』をやっている時点で序文がおかしいというのは意識していましたが、あとから付け加えられたとまでは踏み込めなかった。ですから、『口語訳古事記』では太安万侶の序文を前提にしながら、ちょっといかがわしい古老の語りをかりて、稗田阿礼的な立場で語ったらどうなるか、ということをやってみたわけです。

赤坂　七〇年代の語りの復権を挑発的に企てた仕事だったんだな、といまにして思いますね。そして、この対談を仲立ちにすると、語りという問題はいまあらためて、きわめて重要なテーマとして呼び返されつつあるのかもしれないという気持ちを強くしています。それにしても、『口語訳古事記』をはじめて読んだときには、三浦さんの隠された真意までは読み取れず、もしかするとふざけて遊んでいるのではないか、と思いましたよ（笑）。

三浦　意図的でしたし、個人的にはかなり真剣だったんです。

赤坂　語りというテーマから考えたら、本当にそうですよね。語りというテーマはいつしか沈められてしまって、兵藤裕己さんの平家物語論などをあらためて読み返したいと切実に思いますよ。三浦さんはそういう状況に対しての挑発として、孤独なゲリラ戦をはじめていたんですね。ようやく気が付きました。

三浦　赤坂さんがずっとやってきた「いくつもの日本」のような問題意識からの影響や関わりというのは大きいです。風土記の仕事につながっているのは、完全にその影響からきています。赤坂さんが持ち続けてきた「いくつもの日本」という問題意識が、古代のなかからも読みとることができるということが非常に重要だと思っているんですよね。

赤坂　語りというのは曖昧模糊として感じられる。けれども、それはつねに多様性や多数性に向けて開かれているともいえますね。文字テクストは「ひとつ」を志向するが、きっと語りは「いくつも」を避けがたく抱え込んでいるのですね。最近は昔話の面白さに目覚めつつありますが、語られる昔話を「ひとつ」に封じ込めようとしたって、そんなことできるはずがない。唐突ですが、民謡とか、五木の子守り唄の「正調」とか、言文一致以後の近代は大いなる幻想の繭に包まれてきたのかもしれませんね。「ひとつの神話」と呼んでおきましょうか。

三浦　わたしは学生にも言いますが、書かれているテクストを目の前にすると、それ以外は存在しない、いくつもの伝えがあれば、そのうち一つ以外は間違いだと思ってしまっているのではないか、と。その書かれたテクストが唯一のテクストだと思っている。もちろん文字テクストも多様性はあります。「語り」はそうしたテクストの多様性とは比較にならないほどの多様性を持っている。語り手ごとに違うし、同じ語り手でも聞くたびに違います。こうした「語り」の多様性という問題を背景におかないと、おそらく「語り」の問題には肉薄できない。そうした「語り」のもつ性格を意識していないと古事記は読めないと思います。これが正しいとか、これが正しくないとかいうのも違っていて、全部正しいと思わないといけないのではないでしょうか。

第5章　忘れ去られた海の道

出雲の謎にせまる

三浦　歴史的にみて、山陰道の一国である出雲国には他の諸国と違うところがあります。律令国家が、他の諸国とは別格のかたちで出雲国を扱っているというか、遇しているところです。どういうことかというと、他の諸国がすべて国司制になっても、出雲国だけは国造制が残っているところです。国と地方との関係において、中央の官僚が国司（守・介・掾・目の四等官）として地方の七道諸国に赴任して国を治めるという中央集権的な律令国家体制による地方行政制度（国司制）である国司制度が施行される以前、それぞれの土地の土着豪族をその地の統治者として任命し、世襲的に地方支配を担わせていました。それを国造制といいます。つまり、ヤマト王権に服属した地方豪族は、服属するかわりに地方の実質的な支配権を委ねられていたのです。それが、中央集権的な支配構造が確立し律令制度が強固になると、中央から派遣される国司が地方を治めることで中央集権体制を強化します。とうぜん、それまでの旧体制、国造制は廃止されたわけですが、なぜか出雲国だけは律令制下においても国造制度が遺り続け、国司との二重統治体制が敷かれるという、きわめて特異な状態を呈し、それがずっと続くことになります。

なぜ出雲国造だけが残存し続けたのかといえば、明確な理由は示されていないのですが、わたしは、国譲り神話に語られている出雲の服属という出来事を切り離して考えることはできないのではないかと思っています。ただし、古事記と日本書紀とでは、出雲とヤマトとの神話的な関係は大きく違っており、神話的にいえば、日本書紀を正史とする律令国家は、出雲国を特別視したくなかったはずですが、そうではあっても、出雲の大神オホナムヂ（大国主神のこと）はないがしろにはできなかったのだと思われます。それゆえに、他の諸国の神々とは一線を画して祀る必要のある神だったのであり、その神を祀る出雲国造という存在を廃してしまうことができなかったのではないか、そのように考えています（出雲国造については、三浦『風土記の世界』岩波新書、参照）。

赤坂　わたしはこの事実にたいへん驚いたのですが、これまではどう理解されていたのですか。

三浦　なかなかむずかしい問題です。出雲国というのは、古代においては宍道湖をはさんで西側と東側で別の勢力があって、とても複雑だったと思います。これは考古学から学んだ知識ですから、出雲の考古学をやっている人たちにとっては常識的な問題だと思います。二つの勢力があって、その両者がどういうふうに関わっているか。これは非常に面白い問題です。この問題は出雲大社がなぜいまの場所にあるのか、ということにも関わります。『風土記の世界』に書いた出雲論はいろいろと波紋をよぶと思います。出雲の研究者はそういうことを言いたくても言えないでしょうし、わたしが勝手に言っているという状況ですね。

赤坂　出雲は国造が残っていながら、国司もいるんですよね。
三浦　そうなんです。そういう二重の体制も興味深い。出雲国だけですからね、こういう体制は。
赤坂　異様な事態ですよね。
三浦　しかも、風土記というのは普通でしたら国司が編纂するべき政治的事項であるはずなのに、祭祀を担当するはずの出雲国造の署名がどうして出雲国風土記にはついているのか。
赤坂　なぜ出雲国造だけが、残存し続けたのか。このことを日本書紀はまったく説明できていないわけですね。
三浦　説明していないですね。やはり、出雲神話の問題がずっと尾をひいていると考えるしかないのではないでしょうか。そう考えないかぎり、出雲国造の問題は説明できないと思います。
赤坂　考えてみれば、日本書紀が出雲神話を完全に抹殺しているというのはすごいことですよね。そういう意味では、古事記や風土記のなかに出雲神話が残されているというのは、日本書紀にとってはどんな意味があるのでしょうか。
三浦　かなり不都合な部分があるでしょう、とくに古事記の存在は。出雲国風土記にどれだけ古事記の出雲神話的世界があるか、というとじつは非常に少ないんです。このことをどうとらえるか。出雲の研究者のなかでは、古事記の出雲神話というのはヤマトの人たちのフィクションだととらえる方も多いと思います。なぜなら、出雲国風土記は出雲のことをきちんと語っていて、その書物のなかには古事記にあるような出雲神話は語られていないのだから、古事記の出雲神話というのは出雲独自の神話ではない、ととらえるからです。

赤坂　そうなんですか。よじれていますね。

三浦　出雲国風土記はたしかに古事記的な出雲神話を消しているように見えます。だとしたら、むしろ出雲国風土記も日本書紀の論理にのっとって編纂されていると考えたほうがわかりやすいのではないか。であれば、起源神話にあるように、アマテラスの次男で地上の偵察に派遣されたアメノホヒを祖先神とする出雲国造は天皇側の一族だととらえられる。

　ただし、出雲国風土記には古事記が語る出雲神話が存在しないという認識は大枠としては正しいが、一方、出雲国風土記に出てくる出雲神話と古事記の出雲神話とがつながっている部分はたくさんあるということも主張したい。その代表的な事例がカムムスヒの神です。『文学』の古事記特集でも「カムムスヒ考」という論文を書きました（二〇一二年一・二月号）。出雲的な土着世界のなかに古事記と重なる神話があるということは、古事記の出雲神話が一方的にヤマト起源の神話だとは言えないし、逆に、出雲国風土記にある記事のすべてが律令国家と無関係とは言えないということです。それどころか、出雲国風土記の編纂者である出雲国造はヤマト王権の側に服属した一族であるのだから、出雲国風土記こそが律令的な立場を代弁していると言うべきかもしれません。いくつもの要素が混じり合っていると思います。

赤坂　そのねじれ方が、出雲国造家と天皇家とのかかわりのダブルバインド性をあらわしているのでしょうね。しかし、あれだけ長大な古事記の出雲神話が、出雲という土地に語り継がれていた神話や伝承と関係なしに残るということはありえない。

三浦　しかも、神話内部に入りこんでいくと、出雲の立場でないと説明できないところがたくさんあるんです。ひとつは「高志」、いまの福井県東部から新潟県あたりとの関係です。日本海におけるつながりというのは、ヤマトにとってはどうでもいいものです。少なくとも唯一の特別な世界ではない。それに対して出雲の場合は特別な存在として高志とつながらないといけない。そうした位相として高志が存在するから、古事記のオロチ退治神話では、「高志の八俣の遠呂知《をろち》」というふうに、ヲロチを高志のものとして呼んでいる。日本書紀では単に「大蛇」と書いているだけなんです。

赤坂　日本書紀では高志という地名は意味がないんですね。

三浦　日本書紀の越（高志）は、いくつもある地方（七道諸国）のうちの一つにしかすぎません。それに対して、どうして古事記だけが「高志の八俣の遠呂知」と書くのか。ヤマトがつくった神話ではまずありえない。出雲の側の、明確な高志に対する意識があるから「高志の八俣の遠呂知」と表記するわけです。

赤坂　気になったのですが、若狭のあたりは高志ではないんですよね。

三浦　厳密にいうと、律令の七道諸国の認識では若狭国も北陸道の一国ですし、「高志」の入り口といった認識はあるかもしれません。ただ、ふつう高志というと若狭の先の越前からだと考えてしまいますね。

赤坂　出雲神話のなかに若狭というのは出てくるのでしょうか。

三浦　少なくとも出雲神話には出てきません。「稲羽の白兎」の舞台である稲羽が出てきて、そのあとは、但馬、若狭は登場しなくて、その先は高志の沼河（新潟県糸魚川市のあたり）まで飛んでしまいます。

赤坂　日本海文化圏ということを考えれば、但馬と若狭も出てきてしかるべきですよね。なぜ出てこないのでしょうか。

三浦　これは、わからないです。ただ、通路・交易路としてはつながっているわけですから、神話的にいえば象徴的な土地として稲羽と高志が選ばれているということかもしれません。また、出雲神話ではありませんが、古事記では角鹿《つぬが》（敦賀《つるが》）が重要な拠点として出てきます。ツヌガは高志（越前）ですが、若狭とは接している土地ですから、若狭の圏内と見ることは可能ですね。

赤坂　市川健夫さんが提唱された青潮文化論でいえば、あのあたりは共通の文化要素でつながれているエリアですね。不思議です。若狭は訪ねてみるとわかりますが、驚くほどに大陸が近い。大きな遺跡があたりまえに潟の周辺にあります。出雲と同じような地形的な条件をもっていたはずです。高志も潟の文化圏ですね。非常に近接している。でも、若狭が出てこないんですね。

三浦　日本書紀には大陸から都怒我阿羅斯等《つぬがあらしと》という意富加羅国《おほから》（金官国か）の王子と称する人物がやってきたという渡来伝承があります（垂仁紀二年条）。だから敦賀という名前になったんだ、という話ですね。それから古事記では前にも話題になった蟹の歌謡（一六二頁）が敦賀の話です。そうやって、ひとつの拠点として敦賀や若狭があるのに、出雲神話や出雲国風土記にその記述がないのは残念ですよね。あるとすごくいいのですが……。

ちなみに琵琶湖を通って若狭に出るというルートは飛鳥時代からすでにあります。ですから、神話のなかに登場しても不思議ではないのですが……。

最近、社会学者の岡本雅享さんが『出雲を原郷とする人たち』（藤原書店）という本を出して、古代出雲の痕跡を日本海沿岸を中心に日本列島各地に追っています。そこでも越前はいろいろ取りあげられていますが、若狭は出てこないですね。岡本さんが取りあげていないだけか、何も痕跡がないのかはわかりません。あるいは日本海の沿岸地域も、出雲とつながっている土地と、ヤマトとの結びつきが強い土地とがあったというようなことも考えられるのですかね。

赤坂　若狭というのは非常に興味深い土地ですね。

三浦　福井県の大島半島にあるニソの杜というところがありますが、ここで神に供えているのは海藻の藻なんですよ。海藻を持っていって、ニソの杜にささげるんです。じつはこれは出雲の古い信仰とまったく同じです。いまでも佐太神社（松江市鹿島町）のように古い神社では藻をかける場所があります。こうしたことを考えても出雲と若狭のあたりは繋がっているなあと感じました。まさに日本海文化圏と呼べるものがそこにあった証ではないでしょうか。

先日、糸魚川と隣の富山県の朝日町というところに、翡翠フォーラムがあっていってきました。そこで縄文期からあるという勾玉の工房跡地に案内していただいたのですが、この遺跡は海抜数メートルという非常に低いところにあるんです。海抜数メートルの低いところにある縄文遺跡というのはめずらしいようです。しかもいまは周囲は田んぼなんですが、かつてはずっと潟だったそうです。

赤坂　潟のほとりにそうした工房をつくれば、交通網と接続しやすく、交易や商売にとって便利だということなのでしょうか。

三浦　おそらくは。交通の手段は船以外は考えられませんよね。しかしそうした船の交通網というのがほとんどわかっていない。ここが当時の文化圏を考えるうえでネックになります。若狭湾あたりの古い遺跡からは、縄文期の丸木舟が出てきています。鳥浜貝塚（福井県若狭町）などが有名です。こうした丸木舟がどれだけの航海に耐えられたかという研究がなかなかない。こうしたことがわかるとベールにつつまれている古代の日本海という非常に面白い海の道があらわれてくると思います。

赤坂　そうした海の交通や船の問題というのはやはり、あまり研究されていないのですか。

三浦　そのようですね。こちらの知識不足かもしれませんが。

船と翡翠

赤坂　青潮文化論なども、驚くほど研究の蓄積がありませんね。いろいろな疑問があるにもかかわらず、それに対する答えがない。二〇一六年、戸井田克己さんという地理学の方が『青潮文化論の地理教育学的研究』（古今書院）を出されています。研究が盛んになることを願っています。

三浦　つい最近、国立科学博物館の人類学研究者を中心とした研究チームが、草の船をつくって、三万年前頃とされる最初の日本列島への人類移動の痕跡を探る航海実験をやりましたね。残念ながら失敗しましたが。彼らはどうしてあんな草の船をつくったのでしょうか。最初に日本列島に入った人類は石器も何も持っていなかったという想定をしているのではないかと思いますが、理由がよくわからない。石器も何も、道具をもたない時代の人類移動というのが考えられるものなのかどうかわかりませんが、科博の研究者は素手でも採取できる材料を考えているようです。

この実験のような海を渡るという冒険を、たとえば縄文時代の早期に置き換えて考えてみたいのですが、鉄器がないのは当然ですが、石器は間違いなく持っているでしょう。石器をつかって竹や木を切ることができないなんてことはない。そして、竹や木を使えば、もう少しまともな船はつくれますよ（笑）。

赤坂 たしかに（笑）。今度、草の船、竹の船、木の船と三種類そろえて一斉にやってほしいですね。

三浦 関野吉晴さんの『海のグレート・ジャーニー』（クレヴィス）などをみると、インドネシアから沖縄まで竹のいかだで航海しているんですよ。実際に実験航海をすでにしているわけです。

赤坂 いかだ船は対馬にありますね。日本列島に稲を運んできた人たちは、このいかだ船で渡ってきたのではないか、と晩年の宮本常一は考えていたようです。済州島でもいかだ船が使われていました。ただ、対馬でも済州島でも、いかだ船は湾内とか沿岸部での漁業や海藻の採取にもっぱら使われていたらしい。縄文人ははたして、そういういかだ船をつくることができたのか。ともあれ、国立科学博物館の人たちは草の船を選んだわけですね。

三浦 そういう船をつくる技術がないと考えたか、道具を持っていないと考えたか、いずれにしてもできないと思ったのでしょう。沖縄には二万数千年前から人が住んでいると言われています。では、それらの人はどこからきたのか。これは船の問題を考えないと理解できない。世界最古の釣針が沖縄で発見されたというニュースもありましたが、やはりはるか昔に船で沖縄にわたった人がいる。台湾やさらに南からやってきたというルートがもう少ししっかりと考えられるとわたしは思うのですが。

赤坂　船の問題というのは面白いし、きわめて重要ですよね。

三浦　たしかに日本列島が大陸と陸続きだった時代はありますが、島嶼部や列島にいるすべての人がその時代にやってきたわけではないでしょう。日本人のDNAを見てもそれはいえます。多様なかたちでいろんな時期にいろいろなルートで日本列島に入ってきたらしい。であれば、船の問題はものすごく重要なテーマだと思います。出雲神話を考えるうえでは、船と日本海沿岸のつながりをきっちりと調べていく必要があります。でないと解けないと思います。

赤坂　柳田国男が『海上の道』である種の思考実験をやったように、船・風・潮流のからみ合いのなかに、日本列島に渡来した人々の具体的な姿を思い描いてみる必要はありますね。出雲神話のようなテクストを読むときには、そうした前提となる作業が求められているでしょう。

三浦　その通りだと思います。そうした要素を考えながら、出雲神話を読む場合にもっとも大切な遺物が翡翠だと思います。翡翠は糸魚川でしかとれないのに、翡翠自体は日本列島全域に広がっていて、朝鮮半島でも糸魚川産の翡翠が出土する。そういう翡翠分布を見てみると、加工した翡翠を持ち歩く人たちがいる。物だけが動くということはないわけで、物をうつすには人が必要であり、人はその移動に付随して伝承も持ち歩くわけです。物の動きと人間の動きと伝承世界の伝播というのがいつもセットになっているとわたしは思います。

赤坂　出雲には玉造氏と呼ばれる人たちがいましたね。

三浦　もともとは糸魚川周辺にいた人たちだと聞いたことがあります。縄文期から糸魚川では翡翠加工がおこなわれていました。その翡翠加工の技術を持った人たちが出雲に移動してしまうんです。ある時期に突然糸魚川の翡翠工房がなくなるのですが、どうして急になくなったのか理由がわからないらしい。緑色をした翡翠への神秘性が減退してしまったということもあるようですが、あるいは、工人たちが移動したとか滅んだというようなことも考えられるかもしれない。弥生時代後期以降、出雲を中心とした日本海西部に移り古墳時代の後期くらいの時期に糸魚川の翡翠工房はどうやらなくなっていく。用いられる石の種類は変わっていきますが、この玉造の文化が出雲の玉造温泉のあたりで、大々的に展開されるようになります。その玉造が次の段階ではヤマトの河内にうつる。玉造の集団は糸魚川から出雲に、そして出雲からヤマトへと動いている。これは明らかに玉造の集団を支配する人が変わったからといえるでしょう。そういう政治や支配勢力問題と関わっていると想定せざるをえない。

前にもふれた考古学者の藤田富士夫さんが、翡翠というのは単なる交易品ではないと主張しています。いわゆるポトラッチやクラにおける無償交易における贈与交換の宝物ではないかと言うんですね（『縄文再発見』大巧社）。翡翠は玉《タマ》ですよね、つまり「魂《タマ》」なわけです。玉を持って動いて、新しい土地でつながりをつくりながら動き回る人たちがいたと考えてみると、非常によく理解できる。古事記の八千矛の神が沼河比売を手に入れるというのは、まさに玉の女を奪い取る物語とみることができます。

赤坂　玉を造る人たちがいた、それなりに文化的に高いものをもっていたはずの高志の国に、あの暴力的なヤマタノヲロチという存在がいるのはなぜでしょうか。

三浦　やはり出雲の人たちからすれば、高志の国というのは野蛮な世界のシンボルなのでしょう。もちろん、まったく逆に高志の人たちからすれば出雲の国が野蛮な世界のシンボルになる。しかし、高志は出雲に敗れたらしい。高志のヌナガハヒメ（沼河比売）がヤチホコ（八千矛神）の求婚に応じる神話が語られていたり、玉造が高志から出雲に動いていることなどを考えれば、たぶんそういうことになるのでしょう。

風土記にはひとつだけ逸文としてこの翡翠に関する痕跡があります。「越後の国の風土記に曰く、八坂丹《やさかに》は玉の名なり。玉の青きを謂ふ。かれ、青八坂丹と云ふ」と『釈日本紀』に出てきます。これは明らかに翡翠のことですね。この記事が書かれた時代には高志の翡翠はすでにほとんど忘れ去られているのだと思います。

赤坂　糸魚川周辺が東アジアで唯一の翡翠の産地なんですよね。

三浦　そうです。もちろん、実際に採取できるところは他にもあるようですが、古代世界において発見されているのは、東アジアでは糸魚川のほかにないんです。中国の玉《ギョク》と呼ばれるものも翡翠ですが、あれは軟玉翡翠といって、糸魚川で採れる硬玉翡翠とは違うものです。古代でつかわれている硬玉翡翠は、日本の糸魚川のものと、中央アメリカ大陸のマヤの二箇所だけです。この事実から想像すると、モンゴロイドが翡翠の加工技術を持ってぐるっとアメリカ大陸に行ったということも考えられなくはない。一万数千年前ですね。

ですから、船の問題と翡翠の問題をきちんと研究する必要があると思うのです。日本海側はとくに発掘された船の例が多いですしね。

赤坂　日本海文化は潟の文化ですからね。潟のなかを移動する船と外海を移動する船とはまったく違いますね。日本海を行き交う人々は、波の荒い外海を突っ切るわけではなく、海岸線に点在する潟の周辺にある湊をつないで、丸木舟による交通をおこなっていたはずです。出雲、若狭、高志のあたりでは、どんな丸木舟が使われていたのか、どのような船を操る技術があったのか。そうした眼で博物館を訪ねあるくだけでも、少しはイメージが湧いてきそうな気がしますが……。

三浦　そこがネックじゃないですかね。外洋を移動する船が痕跡として見つからない以上、外洋航海ができなかったんだ、という前提が非常に強くあります。ただし、日本海についていえば、外洋といえるのかという問題はありますがね。

赤坂　稲作は弥生時代に九州に伝来してから、二、三〇〇年で青森の垂柳にまで運ばれたようですが、陸上の道をたどって伝播したとでも考えているわけでしょうか。そんなことはありえないですよ。陸地を通って運搬されたら、とんでもない時間がかかるでしょう。だから、日本列島にやって来た初期稲作農耕民は、船を操る漁撈民でもあったといわれているわけですよ。

三浦　日本においてだけでなく、揚子江下流からどのように稲が伝わったか、という問題に関しても、多くの研究者が船で来たとは思っていないのではないですか。ぐるっと陸地から朝鮮半島をまわってやってきた。

赤坂　いや、そんなこと言っても、朝鮮半島にはそんな痕跡がほとんどないじゃないですか。

三浦　しかし、そう考えないとすれば、そもそもの前提である外洋航海は不可能だったという考え方をあらためないといけない。つまりは船の文化を考えないといけないわけです。理屈としてはそうですよね。ですから当時の人たちが作れるだろう船、すなわち草の船をつくるわけです。

赤坂　たとえば伊豆七島の神津島から産出される黒曜石は、ブランド品として伊豆半島から関東平野、中部地方に広がっていますよね。

三浦　完全に広がっていますね。

赤坂　神津島なんて黒潮を越えずにはたどり着けない太平洋上の島ですよ。外洋航海のための船と技術は存在したのです。伊豆半島の下田の段間遺跡は、神津島産の黒曜石の集積場であったといわれています。すでに二、三万年前の旧石器時代に、伊豆半島と神津島とのあいだを黒曜石のために往復する人々がいたのです。神津島の博物館で、学生たちと大きな黒曜石の塊を眺めながら、その重さを想像し、いずれにせよそれは命懸けの航海だっただろうと思いました。

三浦　まったくそのとおり。当たり前のように行っているわけですが、このことを真剣にみんな考えようとしない。

赤坂　日本海文化の研究において、船による交通を考えていないというのは、近代の陸上交通中心の歴史観に縛られているということでしょうか。海からのまなざしを復権させることは、宮本常一と網野善彦亡きあとを生きるわれわれにとって、より困難なかたちで背負わされた課題なのかもしれませんね。くりかえしますが、太平洋の荒波を越えて黒潮を横切る航海に挑み、二、三万年前には旧石器人が神津島に渡っているのですよ。

三浦　その神津島に来た人たちはいったいどこから来たのか。そういうことをもっときちんと考えてほしいですよね。

赤坂　偶然に漂着して、その孤島の断崖絶壁にむき出しの黒曜石の鉱脈を見つけたのかもしれませんが、彼らは何とかそれを伊豆半島のムラに持ち帰った。それから、その島の黒曜石を手に入れるために黒潮を越えての航海をくりかえすようになったわけです。外洋船は発見されていません。二〇年ほど前のことですが、八丈島で古くはない漁船の船体わきにアウトリガーをとりつけているのを見たことがあります。その時は珍しいなと思いながら、通り過ぎてしまいました。残念ながら聞き書きもしませんでした。外洋に出るときにはアウトリガーをつけるとか、二艘の船を竹や棒を渡してつなぐとか、そういう技術は日本列島にも古くからあったのかもしれません。こういう技術を旧石器人は持っていたのではないか。そう、わたしは想像しています。

三浦　そのとおりだと思います。そういうことをきちんと論じてくれない。つまり、外洋航海はできない。なぜなら、古いアウトリガーの痕跡が考古学的にないから。しかし、それこそ二艘の船を竹の棒みたいなものでつないだら痕跡なんかのこるわけないですよ。しかし、痕跡はないけど、あったんでしょうね、というのは学問ではない（笑）。ですから、いまここで話しているようなことをいくら主張しても、証拠はない、でおしまいです。

赤坂　その実態は明らかではありませんが、太平洋側では外洋に浮かぶ神津島に航海する技術がすでに旧石器時代にあったのに、日本海側には縄文・弥生の時代にもなかったということでしょうか。

三浦　どうなんでしょうかね。日本海側はラグーンをたどっていくと、簡単に動けるということは最近説明がつくようになりました。しかし、これまで誰もそんなこと考えてなかったんじゃないですか。ヤチホコ（八千矛）の神が高志国までどうやっていったか。多くの神話研究者はてくてく歩いていったと思っていると思いますよ。わたしは船以外に考えられない、と思いますけれども。

赤坂　陸上中心のまなざしにとらわれているんですね。あえて民俗学者という名乗りをしたうえで断言してもいいですが、海辺には道なんかありませんよ。柳田国男が大正時代に三陸を北上する旅をしましたが、ほとんど道なき道をたどっています。道が途絶えれば、船を使うか、峠を越えて内陸深くの街道に出て迂回する。そうして北上しています。最近、大分県の国東半島を久し振りに訪ねたのですが、この半島に外周沿いの道ができたのは新しくて、それ以前の道はすべて、山から放射線状に沿岸部に伸びていたようです。道ごとに分断されていて、横につながる道はない。横の移動はすべて船でした。そこを歩いて移動していると思っているんですか。驚きですね。

三浦　そう思っていると思います。

赤坂　そもそも船で外洋に出た証拠はないというなら、海沿いを歩いて移動した証拠もないでしょう。足跡の化石でもあるのですか。少しでも島や半島や沿岸部を歩いたことがあれば、海に沿った道がなかったことに気づいているはずです。外洋航海をした証拠を出せ、と主張をする研究者はきっと、歩かないのでしょう。車で現地を走ることすら、おそらくはしない。いくらかでも歩いてみれば、それが六〇年代の高度経済成長期以後に開削され、舗装された新しい道路であることに気づくことができるかもしれません。

三浦　基本的に律令で五畿七道が出来上がる。その道にそって考えていくということはできるかもしれない。そうするとやはり歴史を考えるというときは街道を基準にして考えてしまう。海の道というのは本当に研究が少ないと思います。陸の道で考えると、出雲と高志は完全に分断されています。ヤマト中心に山陰道と北陸道が出ているわけですから。いまでもＪＲで出雲から高志に行くときは直接はいけなくて、京都を経由しないといけないわけです。

赤坂　なるほど。海の道を行けばものすごく近いと思いますよ。

三浦　比較にならないくらい近いです。江戸時代の北前船をふくめて、日本海における海運を考えなければ物流なんて成り立たなかった。こういうことを全部忘れてしまっている部分があるのではないでしょうか、近代というのは。

赤坂　だから、日本海文化圏という考え方が広まらないということですか。

三浦　日本海文化圏という問題は、網野善彦さんや森浩一さんがばりばり活躍していたときに富山県を中心にして政治的にも地域学的にも非常に盛んだった。ですが、お二人がいなくなって、地元のうしろだてもなくなると驚くほどきれいに忘れられてしまった。いま行政的に活動しているのは富山県だけではないでしょうか。富山県地方創生推進室というところに「日本海学推進機構」という組織があって研究や講演会などをおこなっていますね。それ以外は、もうほとんどないですね。

赤坂　市川健夫さんが青潮文化論を提唱されても、それを支えたり呼応する動きがまったく生まれなかったのと同じですよね。わたしは市川さんにインタビューしたことがありましたが、やはり支持してくれる人がいなくて研究が広がらなかったようですね。

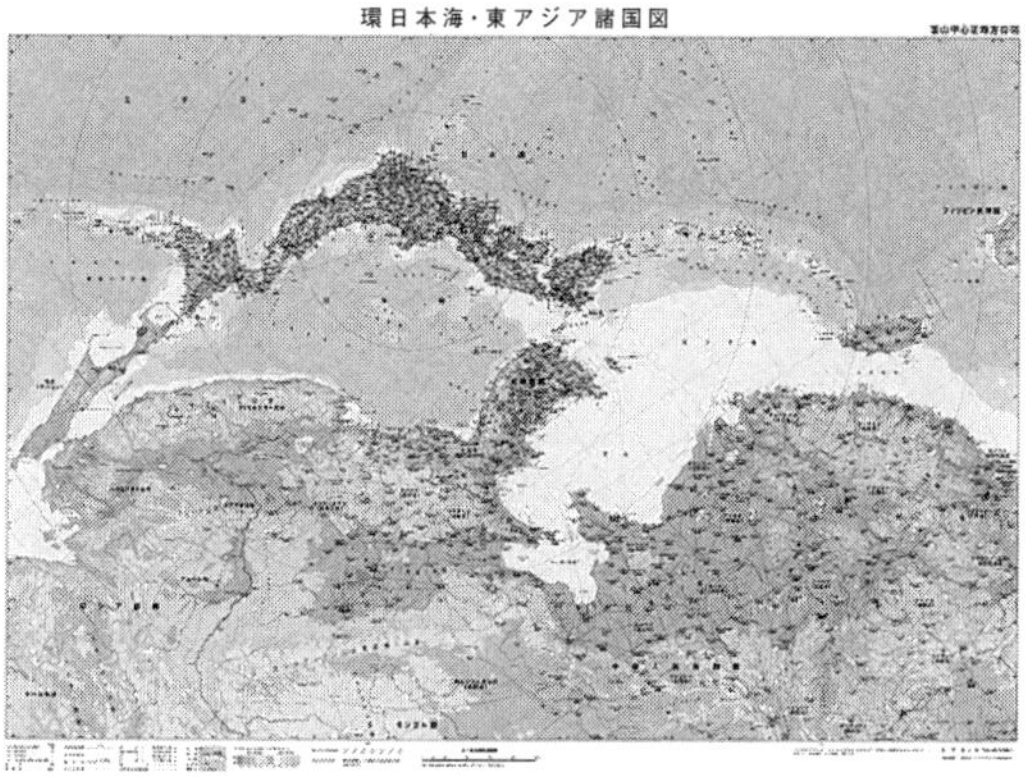

日本逆さ地図
(この地図は、富山県が作成した地図を転載したものである。(平24情使第238号))

三浦　日本海文化圏や青潮文化のようなことを考えるのは当たり前なんですけれども。

赤坂　こういう話をしていると、あらためて富山県がつくった「日本逆さ地図」は大切だと思いますね。あれを見るだけでイメージが転換されますよ。いかに大陸と出雲や若狭が近いか、本当に実感されますね。

　青潮文化論が提唱したものを手がかりにすることで浮き彫りになる国境を越える文化のつながりは、いわゆる「東アジア内海世界」のなかでは、比較的にたやすく突き止めることができますね。そうした見えない文化の連なりが、済州島、壱岐、対馬、隠岐、出雲、若狭、能登半島、佐渡、粟島、飛島というラインに見え隠れしている。これこそ青潮文化と呼びたいですね。

しかし、こういう海を越えての文化的なつながりの研究というのは、なかなか盛んにはならない。さきほどからの船に対する関心がない、という三浦さんのお話をうかがうと、そうしたテーマ設定そのものに乗ることができないんだな、と思いますね。

三浦　本当に残念です。海を通した文化の伝播というのはたくさん例をあげることができるのですが……。たとえば、船漕ぎ競争があります。

船漕ぎ競争という文化が中国のハーリーから長崎のペーロンまでつたわってきて、日本海を壱岐、対馬と北上していきます。列島の北までずっとありますが、どこまでが古くからおこなわれている船漕ぎ競争なのかはわかりません。いまは残っていないと思いますが、東北にもあったようです。もちろん太平洋側にもあります。日本列島全体の船漕ぎ競争を調べた報告書があります（『日本列島沿岸における『船競漕』の存在分布調査報告書』海の博物館）。そういう船漕ぎ競争の持っている船の文化がある。その船の文化ともいえるもののひとつが、島根半島の先端にある美保神社の諸手《もろた》船神事です。いまは古事記とむすびつけられていますが、古事記や日本書紀の国譲り神話とむすびつけられるようになったのは、ひょっとしたら幕末くらいかもしれません。その美保神社でつかわれる船はいまでも丸木舟なんです。現在祭りに用いられている船はモミノキですが、それ以前はクスノキの巨木が使われていたそうです。もちろん作り方は同じで、巨木をくり抜いた船体に側板をはっているので見た目は漁船のような姿ですが、実際は大木をくりぬいた船なんです。これは壱岐や対馬における古い船とも共通しています。こうした船漕ぎ競争の点在をずっと追っていくと船の文化がわたしたちの考えている以上に大きいことに気が付きます。ですから航海技術はわれわれが想像できないものだと思いますね。荒海だから航行できないなんてことはないと思います。

鯨漁もそうした文化だと言えます。鯨はものすごく速く泳ぎますが、その鯨をおいかけてとびついて銛を打ち込むわけです。こういうことができるというのは、海の民の文化ですよね。

赤坂　山口県も鯨漁の拠点ですね。長門市仙崎。鯨に向けての供養の歌をつくった金子みすゞの故郷ですね。

美保神社「諸手船」(島根県松江市)

三浦　去年いきました。長崎県の平戸島にもあります。もちろん、和歌山県の太地《たいじ》町にもありますし、土佐にも壱岐にもありますね。江戸初期に開発された、船で鯨を追いかけていって網でとらえて捕ってしまうという漁法がありますす。網掛け突き取り法という鯨漁です。それを発明した人が太地町の人です。この鯨漁の文化が太地町からずっと土佐から壱岐までつながっています。これが一七世紀くらいだと言われていますが、鯨漁自体はもっと前からおこなわれているわけですよね。もっと前の鯨漁というのは網を使用しないで、集団で船で追いかけてとびかかって捉える。これは写真家の石川梵さんが撮影したインドネシアにおける方法とまったく同じですね(『鯨人』集英社新書)。長崎県の壱岐にある六世紀末から七世紀前半頃の鬼屋窪古墳の石に彫られた線描画に、これとまったく同じような、船の上から長い棒の先に付けた銛を打ち込んでクジラを獲る漁法が描かれています。

　こうした鯨漁の文化を見ていくと、船をたくみに操りながら大海原をかけめぐる人たちの姿が浮かび上がってきます。そして、何よりも足の速い船が不可欠だっただろうと思います。必要は発明の母です。

赤坂　日本の近代は海に背を向けて、閉じられた歴史意識を形成していったんですよね。それにもかかわらず海洋国家だといって、南太平洋の島々を委任統治領として植民地経営にいそしんだ。幻想の海洋国家だったんですね。

なぜ近代日本は海を忘れたのか

三浦　海に背を向けるという意識はいったいどこからきているか。鎖国の影響があるのでしょうか。周囲の海は意識しますが、海の向こうという意識がいつごろからかなくなっていきますよね。

赤坂　太平洋と日本海に対する意識が随分と違う気がしますので、その疑問にこたえるのはなかなかむずかしいと思います。しかし、海に対する意識が近代以降、とくに希薄になったということは確実にいえるのではないでしょうか。江戸時代というのは、水の交通に基礎を置いた社会でした。海と川をつなぐ交通路が張り巡らされていました。近代は鉄道網というかたちで陸の交通網を整備することで、近代国家の中央集権的な統治システムをつくりあげました。つまり、近代は船の文化、海の文化を捨ててきたのです。近代日本人の意識のなかでは、極度に海に対して閉じているという感じがします。

三浦　赤坂さんの話を聞いていて、思いついたことを一つ話させてください。海の向こうを意識するかしないかということですが、前にお話ししましたが、日本列島に住んだ人々は、大きく分けると水平的な世界観をもった古層の縄文系の人々と、垂直的な世界観をもつ北方系の新モンゴロイドがいた。これは弥生系であり、天皇氏の祖先ともつながっていたらしい。その北方系の人々は広い大陸にいたわけで、海を渡って列島に来たわけですが、本質的には陸の道しか知らない。それに対して、水平的な世界観をもつ人々は海のかなたをいつも意識している。そのなかで、近代国家というのは垂直的な人々が造った国家であり、鉄道を中心とした陸の道をもちいて国家作りをした。そしてこのあり方は律令国家もまったく同じで、七つの陸の道によって統一国家を作ろうとした。つまり、律令国家と近代国民国家はたいそうよく似ているというか、古代律令国家の再現を近代国家はめざしたと言ってもいいのではないか、わたしはそんなふうに思っています。それに対して、古層の世界、庶民的な世界では、海の道が大事だった。どうでしょうかね、このような乱暴な思いつきは。日本海側は海の文化しかなかったということなのでしょうか。

赤坂　日本海側で言えば、海のかなたに中国大陸があるということを完全に意識していますね。海のかなたからいろいろな漂流物も流れてきます。日本海は大きな湖のような感覚があったと思います。対岸にある異国から、異国の文字が記されたモノがくりかえし漂着するわけです。若き日の柳田国男が伊良湖崎の浜辺に流れ着いたヤシの実を前にして、南方への憧れを掻き立てられたのとは少し違うかもしれませんね。

三浦　日本海で世界はつながっていて、その向こうはもはや「外」なのでしょうか。

赤坂　「外」ではないのでしょう。伊良湖崎に漂着したヤシの実の彼方に幻視された南方は、きっと「外」だったと思いますが……。日本逆さ地図を見れば明らかですが、あれだけ近いのですから「外」という感覚ではなかったのかもしれません。

三浦　わたしも日本逆さ地図を研究室に貼っているのですが、あの地図を見ているとわたしたちがもっている近代的な地理感覚とは全然違う世界を感じられますよね。

中野美代子さんは日本海の海洋のことを論じたなかで、世界地図の問題について触れています。間宮林蔵や松浦武四郎なども蝦夷地に行きましたが、しかし彼らも蝦夷のその先についてはほとんど意識していないと言っています。間宮海峡の先というのは日本人の意識のなかにはほとんどない。蝦夷地まで、で閉じられている。ところが、ヨーロッパから探検隊が日本海に入ってくると、間宮海峡の先の北海につながるような世界地図ができあがってくる。日本人は意識の持ち方が外にひろがっていかないというような主張を中野さんはなさっていますが、これはなるほどと思いました(『日本海ものがたり』岩波書店)。

陸からは見えない「海の文化圏」

三浦　日本で最初にできた海運保険会社は北前船の船主であった越前の海運業の人がはじめたものらしいです。明治になっても日本海交易はかなり強く残っていたのだと思います。それが廃れたのはあるいは戦後なのかもしれません。本格的に鉄道や道路が整備されたことで廃れた。中世などでも律令制以降には公的には陸の道が中心になっていきますが、実際の人の動きは道を通るわけではなく船による海の道を使っていたと思います。

わたしがかねがね疑問に思ってる問題があります。出雲神話でオホナムヂが兄たちにやっつけられて、最後はこのままでは死んでしまうからオホヤビコのところに行きなさいと母に言われてオホヤビコのところに行きます。このオホヤビコという神は木国（紀伊国）に住んでいるのです。それでオホナムヂが木国に行くと、ヤソガミが追いかけてきますが、木の俣から木の根っこを通って根の堅州《かたす》の国にオホヤビコが逃がしてくれます。この神話をよむたびに、オホナムヂは出雲から木国にどうやってどういうルートをとって行ったのか、というのが気になります。いま陸地で考えると島根県と和歌山県というのはすごく遠い。それが神話ではすいっと行ってしまう。そうするとこれは海を通って行ったとしか考えられない。島根県の美保神社に諸手船《もろたぶね》神事というのがありますが、和歌山県新宮市の熊野速玉大社にはまったく同じ字を書いて諸手船《もろとぶね》という名前の船があって、「御船祭り」という祭りがおこなわれています。そこでも同じように船漕ぎ競争をする。三重県熊野市の二木島というところにも船漕ぎ競漕は数年前まであった。あるいは、熊野大社にはクマノクスビという神がいますが、島根県にも熊野大社があってカムロキクマノノオホカミが祀られているというふうに熊野という名を通して考えても、出雲と紀伊国はつながっている。熊野信仰以前の問題らしい。どうやら、ずいぶん古い時代から紀伊半島の海辺と日本海側の出雲はつながっている。そして、鯨漁の伝播なんかも考え合わせると、どういうルートかわからないけれども海の道があって紀伊半島の人々と玄界灘や日本海沿岸の人々はつながっている。

赤坂　当時の船の能力や構造があるレベルにあって、季節ごとの潮流や風などの条件を知っていれば、むしろ瀬戸内海経由でさほどむずかしくはない航路であったのかもしれませんよ。

三浦　万葉集には熊野の船を詠った歌がいくつかあります。「ま熊野の船」といいますが、瀬戸内海を交易している人たちには、すぐにあれは「ま熊野の船」だ、とわかるものだったらしいです。船足が早かったのか、かたちが特殊なのか、非常に特徴的だったのだろうと思います。ですから、万葉の時代には熊野と言ったら船なんです。紀伊半島の木をつかって作った船のようですね。こういう例を少し挙げるだけでも、いかに当時の人々が海を交通に使っていたのかがわかります。

船をいかに使っていたかという例として、たとえばオホサザキ（仁徳天皇）の嫉妬深い后で有名なイハノヒメ（石之比売）の話があります。彼女があるとき難波の都から祭りに使う柏の葉っぱを採りに紀伊半島の先端まで行く。もちろんどこまで本当かわかりませんが、皇后が船に乗って葉っぱとりに外洋に出て航海する。これは陸上中心の世界観でいったら大変なことですよね。帰路で、自分がいないすきをねらって旦那が浮気しているのを知って、怒って採ってきた柏の葉を投げ捨てて帰る、というオチがつきます。この話だけでも、船と当時の人たちとのかかわりを想像することができて本当に興味深いですね。

赤坂　四国の佐多岬半島を訪ねて聞き書きをしたことがあります。ここには男海人がいるんです。それだけでなく、かつては済州島から海女さんがアワビ採りに来ていたらしい。戦後間もない時期まで来ていた、出稼ぎ漁ですね。その何年か前には、朝鮮半島の珍島の一番沖合いにあるフクサンド（黒山島）という島で聞き書きをしたことがあるのですが、その島に日本から男海人が来ていたということを聞いていました。それが思いがけず、佐多岬半島の老人の話につながりました。その老人は若いころには、珍島まで小さな船で漁に行ったものだというのです。五〇艘から一〇〇艘くらいの船団を組んで、助けあいながら玄界灘をわたって、珍島のさきの黒山島まで行ったらしい。アワビを潜水漁で採ったのです。両方の話がつながったときには驚きました。戦前には佐多岬半島と朝鮮とのあいだは、小さな手漕ぎの漁船によって結ばれていたわけです。

三浦　佐多岬半島の対岸ともいえる宇佐八幡宮に有名な傀儡舞があります。この傀儡舞はあきらかに朝鮮半島の文化ですよね。海を日常的に交通の場として使っている人たちからすれば、佐多岬半島から朝鮮半島はすぐそこなんだと思います。それはつまり同じ文化圏にあるということでもある。陸上中心的な考え方ではまったく見えない世界でしょう。

赤坂　ここで思い出しましたが、沖縄にはかつて、非差別民であったチョンダラー（京太郎）と呼ばれる芸能民がいました。かれらは中世にヤマトから渡ってきた念仏系の芸能民であったといわれていますが、独特の人形を手回しであやつりました。その人形がどうも、宇佐八幡宮の傀儡舞の人形とかかわりがあるようだと、いっしょに宇佐を訪ねた沖縄の研究者がいってました。海を越えて、見えない文化の伝播していく道があったのだと思うと、心が揺さぶられますね。

カムムスヒという神があらわすもの

三浦　前にも話題にして重複するところがあるかもしれませんが、海と強くつながるのが、カムムスヒという神です。何度か論文や本にも書きましたが、カムムスヒという神はどうやら海と繋がり、母系的な性格が強い存在にみえます。

赤坂　三浦さんのカムムスヒ論は非常に興味深く読みました。わたしはこのなかで一番気になったのは母と娘という母系のにおいが強い神様だという主張なんです。言われてみれば、オホクニヌシの神話のなかで、危機的な状況になったときに助けてくれるのは女性の力ですよね。傷をいやしたり、病をいやすとか、死んだ命を甦らせる。こうした母系的なものではないか、という主張はこれまでのカムムスヒ研究においても言われてきたことなのでしょうか。

三浦　カムムスヒの研究で母系という問題をとりあげたものは明確には出ていないと思います。倉塚曄子《あきこ》さんが、祖神という問題で女の力を論じています（『巫女の文化』平凡社、など）。倉塚さんが早くに亡くなってしまったので、それ以降の研究においてこうした視点は進展していません。しかし、神話における母と娘という関係性は非常に強く出ている。古事記では赤貝の女神と蛤の女神がオホナムヂを助けてくれるという神話がありますね。古事記にはカムムスヒと二人の女神が母娘であるとは記されていないのですが、出雲国風土記をみると母と娘として伝えられています。こうしたことを見ても、母系的な要素がとても強くあらわれている。

カムムスヒ論自体があまり積極的になされていないという現状があります。天皇家とむすびつくタカミムスヒという神とカムムスヒはセットになっていて、タカミムスヒのほうが強調されることが多いので、あまりカムムスヒに光があてられないということがあります。

赤坂　日本書紀ではどうでしょうか。

三浦　日本書紀では、カムムスヒはほとんど出てきません。この神は出雲神話にしか関わっていないので、古事記の出雲神話にしか登場しないのです。

赤坂　まったく出てこないのですか。

三浦　二箇所だけ出てきます。そのうち一書ではなく正伝に出てくる箇所が一箇所ありますが、たぶん間違えて記載されたのだろうと考えられる部分です。

赤坂　消し忘れですね（笑）

三浦　そうでしょうね。それから冒頭の高天原にいる三柱の神、アメノミナカヌシ（天之御中主神）、タカミムスヒ（高御産巣日神）、カムムスヒ（神産巣日神）が登場する場面が一書のなかにありますので、計二箇所です。

赤坂　面白いですね。アメノミナカヌシはまったく活躍しない神ですよね。それを河合隼雄さんは中空構造と言っていましたが（『中空構造の神話』中公文庫）、タカミムスヒが天皇家系で、カムムスヒが出雲系なのですね。

三浦　しかもタカミムスヒは完全に男系的要素が強い。カムムスヒは母系的です。わたしもまだ言いきれていないのですが、カムムスヒというのは海の神だったのだろうと考えています。古事記には高天原にいるというように記載されていますが、カムムスヒは貝の女神のお母さんですから、海のかなたにいる神と考えるべきでしょう。水平線的な思考のなかでカムムスヒというのは祖神として存在する。これが、おそらくはスサノヲのいる根の堅州国につながっているだろうと思っています。森陽香《ようこ》さんという若い研究者がカムムスヒの詳しい分析をしていますが、カムムスヒは海と天の両方につながっているということを指摘しています（『古代日本人の神意識』笠間書院）。わたしも同じ意見ですが、天とのつながりはヤマト王権の側の作為ではないかと考えており、本来は海こそが原郷だと思います。そのときの海というのは、わたしの幻想を言ってしまえば、南の島のほうへずっとつながっていくものだと思います。

日本神話には水平的な世界観と垂直的な世界観が混在している。垂直的な世界観はあきらかに北方系の神話で、天皇家とむすびついている。水平的な世界観は南方系の神話とつながっていくもので、出雲神話や日向神話の海幸山幸の話などはそうです。こうした南方的な要素というのは土着的な性格が非常に強く古層としてあったのではないかと思います。そこへ垂直的な男系がどんとかぶさってくる。遺伝子の研究などがすすめば、そうしたことも明らかになってくるでしょう。

赤坂　たしかに垂直的世界観というのは古事記にもありますよね。たとえば、天孫降臨などは典型的な垂直的世界観の神話です。北方シャーマニズムのにおいが非常に強い。

三浦さんのお話のなかで、出雲神話における南を意識しているというときの「南」というのはどういうイメージなのでしょうか。たとえば、折口が「妣が国」といったときは中国大陸の南の方をイメージしていたし、柳田は実際に流れ着いたヤシの実を見て海上の道を想像した。南を意識するときに、何らかの文化の伝播や具体的なものがあって、それをもとにイメージしているのか。こうした事例がぜひ欲しい。

三浦　正直言って、そこまで具体的にはイメージできていません。海のかなたにある折口的な言葉で言えば「常世の国」のようなものが、根の堅州の国のイメージだと考えると、これは柳田国男もふれていることですが、あきらかに根の堅州の国のイメージというのは沖縄のニライカナイにむすびつく。ニライカナイの信仰でも、水平線のかなたに神の世界があって、行き来している。そういう信仰的な考え方が出雲などとも共通しているのではないか。出雲大社の信仰も、ものすごく高い神殿を立てるわけですが、あれが目指しているのはあきらかに海のかなたです。海の神をむかえる海神信仰だと思います。

出雲大社の神迎え神事では稲佐の浜へ行って海の神をむかえる儀式をやります。このときにむかえる神様というのが龍蛇です。とぐろを巻いたウミヘビです。この龍蛇信仰と現在の出雲大社の信仰はどこまでつながっているかはわかりません。オオクニヌシという祭神が何ものなのかよくわからないところがあります。だけれども、あきらかに海からよりつくもの、いわゆる漂着物への信仰がある。実際にどうやらこの季節にウミヘビがよりつくらしいです。そうするとまさに漂着物です。それを神として毎年祀っているわけです。

赤坂　スクナビコナはどこからきたのでしたか。

三浦　海のかなたからやってきて、常世の国へ帰ります。だから来たのも常世の国からでしょう。常世の国というのは海のかなたですから、根の堅州の国と重なりますよね。しかも、スクナビコナの母神はカムムスヒで、彼女の指のあいだからこぼれ落ちたのがスクナビコナだと語ります。これは高天原からぼとんと落ちてきたように思われていますが、そうではなくてあきらかに海ですよね。そもそもスクナビコナは海を通ってやってくるわけですから。どうやら海の向こうへ行くと神の世界があり、そこからあらゆる稔りがもたらされるという信仰があったのだろうと思います。

赤坂　カムムスヒ論は面白いですね。カムムスヒという神様が出てきても、わたしは古事記と御祖神としての風土記の伝承とをつないで考えていなかった。三浦さんの話をうかがうと、まったく齟齬なく、そうした伝承がつながる。日本書紀ではこばまれて消されたカムムスヒという神が、古事記のなかに流れ込んでいた出雲神話を再確認するように出雲国風土記のなかでも反復されている。じつに鮮やかな分析だと思います。

三浦　古事記の神話の非常に重要な部分が、出雲国風土記にも痕跡としてのこっている、ということは主張したかったのです。

神魂《かもす》神社（松江市大庭）という神社がありまして、いまイザナミを祀っています。この神社がくせもので、とても興味深い。『延喜式』なんかにもこの神魂神社は出てきません。出雲国造の氏神だと言われています。出雲国造はもともと意宇（現在の松江市あたり）のほうにいて、中世になって西のほうに居を移したと考えられています。これはおそらく間違いないでしょう。そしてかれらが意宇を本拠とし、ヤマトの勢力に屈する以前に祀っていたのはカムムスヒだったのではないか、とわたしは考えています。それがオホクニヌシという神を祀るようになり、天皇家に服属した地方豪族（国造）としてヤマトの肩代わりをして出雲大社の祭祀を担うようになっていく。そうした変遷があるのではないか、と考えています。

赤坂　岡本太郎が神魂神社を訪ねていて、「ここにはより素朴な、大社造りの原型をうかがうことが出来る」と書いています。そして、例の棟持柱について、そのすばらしい量感や美しさを強調しています。

三浦　神魂神社は大社造りで一番古い建物で一番品のいい建築なんです。ラフカディオ・ハーンも神魂神社が一番きれいだと言っています。

名前が非常に面白いですね。なぜ神魂と書いて「かもす」と読むのか。ふつうは読めないでしょう。これはいろいろと想像がふくらみます。もう少しきちんと研究したいと考えています。

「みさき」と「さき」と「はな」

三浦　海というテーマは近代日本が置き去りにしてきたテーマであるということが明らかになってきたように思います。それは歴史のなかにおける「もうひとつの列島」ともいえる姿を近代以降の歴史が無視してきたことでもある。

もちろん、こうしたことは近代にだけ起こったことではありません。古代においても、ヤマトの中央集権が成立し、海のネットワークが表舞台からすこしずつ排除されていった。たとえば、街道の整備などもそうです。そうしたヤマト王権における陸地中心の文化と、それ以前の海や船を中心とした文化の対比を見ることができるような気がしますが、いかがでしょうか。

赤坂　網野善彦さんが研究された能登の時国家文書というものがあります。能登半島の先端にいた一族です。時国家は文書史料のなかには「水呑」として出てきます。要するに貧農という扱いです。しかし現実には、海の領主のような存在で、時国家の当主は土を絶対に踏まなかったという。外に出るときには小さな籠にのって移動する。つまり、お殿様なんです。それが文書に「水呑」と記録されているのは、つまり田んぼをわずかしか所有していないからです。田んぼを持たないから「水呑」なんです。しかし、この時国家は水呑百姓どころか、大きな船を何艘も持っていて日本海世界を舞台にして活躍していた海の豪商だったわけです。網野さんは本当に大きな歴史家だと思いますね。亡くなられてからは学会的には、忌み物のように敬して遠ざけられているようですが、いずれ落ち着いたら再評価が始まるでしょう。半島というのは海に向けて開かれたフロンティア世界であることを、網野さんは史料の読み解きから明らかにされました。半島論もひそかに狙っているテーマですね。

何度か能登半島を歩いています。能登は半島ですから、陸上交通から見たら辺境、その先は何もないどん詰まりの僻地なんですね。しかし、半島は海に生きる人たちにとっては辺境どころではない、港を起点として海へと開かれた特異な場所です。海にはたくさんの見えない道がある。その道をたどり、海の交易ネットワークにつながることで、まさに稲作ではなく商品経済の担い手として莫大な富を手に入れていた、海の豪商が存在したのです。われわれが近代の陸上中心史観にとらわれていたら、こうしたことは見えてこない。半島というのは見方を変えれば、海という大きな可能性にひらかれたフロンティアだったのです。半島を辺境とみるか、フロンティアと見るかという分かれ目がそこにはあります。

三浦　ずいぶん前のことですが、古代語誌研究会の仲間と一緒に、古代のことばについて研究していたことがあります。大野晋さんの古典基礎語彙のようなことばの研究ですが、そのなかで「さか」とか「さき」という言葉を調べていたことがあります。「みさき」の「さき」は「先」すなわち先端です。おそらくこれは「坂」という言葉ともかかわっている。先端というのは、そこで分断される場所でもある。しかし、分断される場所というのはそこから向こうの世界につながっている場所でもある。いま赤坂さんがおっしゃった問題というのは、両義的な意味があって、そこで分断されるんだけれども向こうにつながっている場所でもある。その象徴的なものが「さき」なんです。花が咲くの「さく」というのも同じ意味ですね。そこが一番繁栄する場所でもある。だからこそ、そこには神がやってくる。神話でいうと美保岬という島根半島の先端はスクナビコナがきたところですし、ヤマトの御諸山《みもろやま》（三輪山）に祀られたオオモノヌシという神様もやってきたところです。「さき」によりついてくる。それは繁栄をもたらしてくれる神ですよね。岬という場所のもっている神話性というのが大切だと思います。海というのは、そういう場所であり、「さき」は向こうの世界とつながっているという意識がもてる場所だとも言えます。

赤坂　航海の技術や知識さえ持っていれば、そこはどん詰まりではない。その向こうに異郷へとつながっていく海の道がある。しかし、そうした技術や知識が失われた場所では、「さき」（崎・岬）は最果ての辺境となってしまいます。「端《はな》」はどうですか。

三浦　「端」は「鼻《はな》」と同じで、先端に出ているもの、突き出しているものを「はな」というのでしょう。

赤坂　遠野物語にはダンノハナという地名が出てきますが、これもそうですよね。ですから「はな」は「さき」と同じなんですね。

三浦　「はし」なんて言葉もそうだと思います。「はし」は端っこではあるんですが、「橋」のようにこちらとあちらをつなぐものでもある。「箸」もそうですね。物と口とをつなぐものが「箸」ですね。アイヌに神を祀る際につかうイクパスイという道具があります。これ「捧酒箸」とも書きますが、箸先にお酒をつけて神にささげるために使う独特の道具で、神と人間とを介在させるものです。もちろん、こういうふうに次々に言葉を連想させていってよいのか、という問題はありますが。

赤坂　「つなぐ」という行為の前提には、こちらとあちらという分割があります。だからこそ、「つなぐ」というシンボリックな行為がなければ文化は豊饒なものとはならない。わたしはそうして境界論をずっと追いかけてきたわけです。岬や半島の持っている地政学的な意味合いというのは両義性なのだと思いますね。

三浦　まさに境界ですよね。どうしても境界というと端っこのように意識してしまいますが、それは違う。さきほど赤坂さんがおっしゃったように端っここそがフロンティアだという意識は重要だと思います。

おわりに

とりあえず対談集に分類されるであろう本書が一冊の書物に仕上がるまでのいきさつについては、赤坂憲雄さんの手になる「はじめに」に書かれているとおりです。本書の仕掛け人である青土社の菱沼達也さんを介して、あるいは直接に、原稿やゲラを何度もやりとりしながら完成させました。そもそもは、わたしの責任編集で『現代思想』の特集「出雲」を編んだおり、赤坂さんに登場ねがったところからはじまります。その時の対談をもとにして一冊の対談集を作りたいという依頼が菱沼さんからあり、かれの慫慂と粘り腰が功を奏して魅力的な本に仕上がったというわけです。

原形を留めない「対談集のようなもの」になったというのに、その原形を明らかにすることの意味は何かと問われると答えに窮しますが、ここに収めた各章は、いちおう次のような出自をもっています。

第1章　出雲は何を問いかけるか（『現代思想』二〇一三年一二月臨時増刊号、総特集「出雲」）
第2章　「遠野物語」と伝承世界（『民学のたより 一九九七年』一九九七年八月、民学の会。対談は

一九九二年六月、民学の会例会）
第3章　死者へむかう物語（未発表。対談は二〇一四年七月、遠野文化研究センターにおける月例会で公開）
第4章「語り」の世界を旅する（未発表。対談は二〇一六年九月、非公開）
第5章　忘れ去られた海の道（同前）

きっかけになったのは第1章です。そのあと二度ほど、二人の本の出版記念と称して書店でのトークイベントを開催したりしましたが、本にするほどの完成度を保つことができず没になりました。それでも懲りない菱沼さんは遠野にまで顔を出し（第3章）、ついには学士会館に部屋を借りて長時間にわたる缶詰対談を仕掛け、第4章と第5章が陽の目を見ることになりました。

それに対して、第2章だけは事情がまったく異なります。民学の会の奥田敏夫氏のお誘いを受け、二五年も前におこなった対談が元になっています。偶然、本棚の片隅に見つけた冊子を読んでみると、今ではとても考えつかないことがいくつも語られていたので本書にまぎれ込ませました。もちろん大幅な手入れをしたせいもありますが、他の章との齟齬や違和感はないはずです。

原形を紹介すると以上です。しかし、それはあくまでも原形であって、本書に収められている対談のようなものとはまったく別ものだと思ってください。おそらく、三人の幾度ものキャッチボールが誘因となって遺伝子に突然変異が起こり、予期せぬ一冊が産み落とされたのです。

当初わたしは、これほど充実した対談集が作れるとは思ってもいませんでした。異変を感じたのは、超多忙な赤坂さんが、なけなしともいえる貴重な正月休みをつかって大量に書き込みをした原稿を送ってくれた時でした。手練の名手と評していいと思うのですが、相手のことばを巧みに引き出して対談を組み立てる赤坂さんは、あとから対談に手を入れるというようなことは決してしない人です。その赤坂さんの、こまかな部分にまで気を遣った書き込みを見て、本気を出してきちゃったよ、とわたしは感じました。さて、そうなるとこちらもお座なりな対応はできません。うまく応えられなかったところを考えなおし、あらためて調べなおして大幅な追い書きを加えました。たとえば、今まで無視していた黄泉の国の位置に関する単純な誤読について言及したのも、わたしの意気込みの表れだと思ってください。

その追記を菱沼さんがゲラに反映し、二人がそれに朱を入れるという作業を何度かくり返し、やっと最終ゲラが刷り上がってきたのが二月末のことです。このあとにも念校が残りますが、あわただしく充実した二か月でした。それゆえに本書は、対談集というよりは、むかしの学者たちのあいだによくみられる往復書簡集のような本だと言ったほうがいいかもしれません。

そのような過程を経てできた一冊ですが、あらためて最終チェックをしながら読み返してみると、弱点ばかり気づかされてがっくりします。今回の対談はどちらかといえば、わたしのホームに来てもらって談じ合ったはずなのに、わたしがリードしきれず赤坂さんにずいぶん助けてもらっています。とくに、「語り」あるいは「音声と文字」の問題に関して、それはわたしの専門領域であるにもかかわらず、たじたじとなる場面が多くて、きちんと説得し論じきることができていません。

また、海の文化に関して何も言えていないのも残念です。それが気にかかっていたので、二月下旬のある日、何か見つからないかとゲラを抱えて「海の博物館」（三重県鳥羽市浦村町）に出かけました。志摩半島をめぐりながら舟や海女や漁撈などについて考えようとしたわけですが、水平線を眺めてばかりで新しいことは何も付け加えられませんでした。そもそも対談でうまく対応できなかったところを、すべてきれいに補填することなどできるわけがありません。

というわけで、あれやこれやと気になるところは残っていますが、このまま往復運動を続けても、今以上の成果は期待できません。ここはひとまず、読者のみなさんの前に恥をさらすようにして本書をお届けしたいと思います。そして、ここで論じきれなかったところは、列島語りの第二章へと引き継ぎます。

そのためには、脳味噌を鍛えるのはもちろん、筋肉を鍛えて老いと向き合う必要もありそうですが。ぜひ、またその時に。

最後に、赤坂憲雄さんと菱沼達也さんに、心からの感謝を。

二〇一七年三月三日、遠野からもどる新幹線のなかで

三浦佑之

は行

ま行

や・わ行

さ行

た行

な行

索引

赤坂 憲雄（あかさか・のりお）
1953年東京都生まれ。東京大学文学部卒。学習院大学教授・福島県立博物館館長。東北学を提唱し、1999年に雑誌『東北学』を創刊。震災後も、みずからの足で広く被災地をめぐり、精力的に活動をつづけている。2007年『岡本太郎の見た日本』でドゥマゴ文学賞・芸術選奨受賞。著書に『異人論序説』（ちくま学芸文庫）、『境界の発生』（講談社学術文庫）、『東西／南北考』（岩波新書）、『遠野／物語考』（荒蝦夷）、『震災考』（藤原書店）など多数。

三浦 佑之（みうら・すけゆき）
1946年三重県生まれ。成城大学文芸学部卒業、同大学院博士課程単位取得退学。古代文学を専攻し、伝承・昔話や地方の言語など多岐にわたり研究。通説にとらわれない論を展開しつづけている。2002年に古老の語り口調で訳した『口語訳古事記』（文藝春秋）で第一回角川財団学芸賞受賞。著書に『古代研究』、『昔話にみる悪と欲望　増補新版』、『古事記学者（コジオタ）ノート』（いずれも青土社）、『風土記の世界』（岩波新書）、『古事記を読みなおす』（ちくま新書）など多数。

列島語り
出雲・遠野・風土記

2017年5月 1日　第1刷印刷
2017年5月15日　第1刷発行

著者――赤坂憲雄＋三浦佑之

発行人――清水一人
発行所――青土社
〒101-0051 東京都千代田区神田神保町1-29 市瀬ビル
［電話］03-3291-9831（編集）　03-3294-7829（営業）
［振替］00190-7-192955

印刷・製本――ディグ

装幀――鈴木一誌

ISBN978-4-7917-6970-4 C0039